高校职业生涯教育融合发展探究

岑盈盈 ◎ 著

吉林大学出版社

·长春·

图书在版编目（CIP）数据

高校职业生涯教育融合发展探究 / 岑盈盈著.
长春：吉林大学出版社, 2024. 9. -- ISBN 978-7-5768-4105-3
I . G647.38
中国国家版本馆 CIP 数据核字第 20245PJ847 号

书　　名	高校职业生涯教育融合发展探究
作　　者	岑盈盈　著
策划编辑	殷丽爽
责任编辑	张宏亮
责任校对	单海霞
装帧设计	守正文化
出版发行	吉林大学出版社
社　　址	长春市人民大街 4059 号
邮政编码	130021
发行电话	0431-89580036/58
网　　址	http://www.jlup.com.cn
电子邮箱	jldxcbs@sina.com
印　　刷	天津和萱印刷有限公司
开　　本	787mm×1092mm　1/16
印　　张	11.25
字　　数	200 千字
版　　次	2025 年 3 月　第 1 版
印　　次	2025 年 3 月　第 1 次
书　　号	ISBN 978-7-5768-4105-3
定　　价	72.00 元

版权所有　翻印必究

前 言

"生涯之学，即应变之学"。职业生涯教育一般指人受到的关于自我定位、未来职业规划等方面内容的教育活动。近年来，"缓就业""慢就业""躺平""内卷"等热词在各大网络平台刷屏出现，反映出部分"00后"大学生生涯适应力较差、职业价值观混沌、就业意愿偏低、职业规划模糊、缺乏生涯发展动力等情况，揭示了当前职业生涯教育存在的不足。在复杂严峻的形势下，做好生涯教育工作，有效提升大学生生涯适应力，通过增强青少年的职业发展意识与能力来缓解经济低迷期的青年劳动与就业难题，具有重要意义。当前，职业生涯教育已经成为高校教育的重要组成部分，并逐渐向基础教育阶段延伸，形成大中小一体化的职业生涯教育体系。高校职业生涯教育不是一门简单的职业生涯规划课程，而是贯穿大学学习生活的系统工程，学生、家长、政府、社会组织等都有责任参与到职业生涯教育中，只有各方通力合作，我们才能又快又好地搭建高校职业生涯教育体系。高校职业生涯教育除了完善自身以及与专业教学融合，还要与心理健康教育、劳动教育等课程相融合，形成大学生职业生涯教育体系，使青年学子在大学学习阶段丰富职业认知、确立职业目标、做好职业规划与准备，从而顺利进入职业生涯。

在内容上，本书共分为五章。第一章为职业生涯教育概述，依次分析了职业生涯教育的相关概念、职业生涯教育的重要意义、职业生涯教育的发展历程、职业生涯教育的理念与理论；第二章为国内外高校的职业生涯教育，分别对我国高校的职业生涯教育、美国高校的职业生涯教育、英国高校的职业生涯教育、日本高校的职业生涯教育作出论述；第三章为高校职业生涯教育办学主体的协同融合，主要分析了高校职业生涯教育办学主体协同融合的价值、高校职业生涯教育不同办学主体的参与现状、高校职业生涯教育办学主体协同融合的机制；第四章为高校职业生涯教育与心理健康教育的融合，依次论述了高校职业生涯教育中学生常见的心理健康问题、高校职业生涯教育与心理健康教育融合的价值、高校职业生涯教育与心理健康教育融合的对策；第五章为高校职业生涯教育与劳动教育的融合，主要包含高校大学生的劳动精神现状、高校职业生涯教育与劳动教育融合的基础条件、高校职业生涯教育与劳动教育融合的重要意义、高校职业生涯教育与劳动教育融合中的问题及成因、高校职业生涯教育与劳动教育融合的主要路径。

  在撰写的过程中，笔者参考了大量的文献，得到了许多专家学者的启迪、领导同事的帮助以及家人朋友的支持，在此一并表示敬意与感谢。由于笔者水平有限，书中难免有疏漏之处，希望广大同行及时指正。

岑盈盈
2024 年 3 月

目录

第一章　职业生涯教育概述 ·· 1
　　第一节　职业生涯教育的相关概念 ···································· 1
　　第二节　职业生涯教育的重要意义 ···································· 7
　　第三节　职业生涯教育的发展历程 ··································· 12
　　第四节　职业生涯教育的理念与理论 ································· 18

第二章　国内外高校的职业生涯教育 ······································ 29
　　第一节　我国高校的职业生涯教育 ··································· 29
　　第二节　美国高校的职业生涯教育 ··································· 36
　　第三节　英国高校的职业生涯教育 ··································· 46
　　第四节　日本高校的职业生涯教育 ··································· 58

第三章　高校职业生涯教育办学主体的协同融合 ···························· 68
　　第一节　高校职业生涯教育办学主体协同融合的价值 ··················· 68
　　第二节　高校职业生涯教育不同办学主体的参与现状 ··················· 72
　　第三节　高校职业生涯教育办学主体协同融合的机制 ··················· 81

第四章　高校职业生涯教育与心理健康教育的融合 ························· 103
　　第一节　高校职业生涯教育中学生常见的心理健康问题 ················ 103
　　第二节　高校职业生涯教育与心理健康教育融合的价值 ················ 111
　　第三节　高校职业生涯教育与心理健康教育融合的对策 ················ 115

第五章　高校职业生涯教育与劳动教育的融合⋯⋯⋯⋯⋯⋯⋯⋯⋯ 135
　　第一节　高校大学生的劳动精神现状⋯⋯⋯⋯⋯⋯⋯⋯⋯⋯⋯ 135
　　第二节　高校职业生涯教育与劳动教育融合的基础条件⋯⋯⋯ 142
　　第三节　高校职业生涯教育与劳动教育融合的重要意义⋯⋯⋯ 145
　　第四节　高校职业生涯教育与劳动教育融合中的问题及成因⋯ 148
　　第五节　高校职业生涯教育与劳动教育融合的主要路径⋯⋯⋯ 157

参考文献⋯⋯⋯⋯⋯⋯⋯⋯⋯⋯⋯⋯⋯⋯⋯⋯⋯⋯⋯⋯⋯⋯⋯⋯⋯ 172

第一章 职业生涯教育概述

本章为职业生涯教育概述,依次阐述了职业生涯教育的相关概念、职业生涯教育的重要意义、职业生涯教育的发展历程、职业生涯教育的理念与理论。开展职业生涯教育能够引导学生规划自我的职业生涯并将其规划转化为现实。

第一节 职业生涯教育的相关概念

一、生涯的概念解析

想要深入理解生涯和职业生涯教育,我们必须从基本概念和基础理论入手,只有明确了"生涯"一词的含义,我们才能理解职业生涯的教育意义。

"生涯"由英文单词"career"翻译而来,从字面意义上来看,"生"就是"活着"的意思,与一个人的生命相联系,指人生命的长度。"涯"指的是"边界",即人生经历、生活道路,指人生命的宽度。"生涯"这一概念首次出现在1957年美国职业管理学家唐纳德·E.舒伯(Donald E.Super)的《职业生涯心理学》(*The psychology of Career*)中,舒伯将这个词解释为生活中各种事情发展变化的总和,可用于表现一个人独特的自我发展形态。在美国国家生涯发展协会作出的定义中,"生涯"一词指的是个体通过工作创造出的具有目的性和延续性的生活模式。

由上述定义可知:第一,从时间维度来看,生涯是一个过程,是人一生的过程。第二,从内容上看,生涯比职业或工作的范围要大,它不仅指一个人的职业或工作,还与个体所扮演的所有生活角色相关,具体指的是个体一生中所处的文化环境、受教育经历、工作经历、家庭构成等的总和。第三,生涯对个人而言是独特的,每个人都有自己独特的生涯形态。第四,生涯是有目标的、有意义的,强调的是个体的自我实现和心理满足感,不以成败输赢的客观标准衡量。第五,生涯是一个人在个人意愿与社会现实之间不断权衡的结果;生涯发展是一系列选择连续进行的结果,人在作出选择时,需要权衡这些选择的收益及损失。对一个人而言,可能没有十全十美的生涯道路,但是会有最适宜的生涯道路。

现代的生涯概念具有以下几个特性。

(1)终身性。生涯是一个连续不断的过程,涵盖了一个人终其一生参与的工作与休闲活动中所扮演的各种角色,因此,对生涯的界定不是一个人的某一发展阶段,而是一生的发展过程。

(2)综合性。生涯是个综合性概念,它包括个人在家庭、学校和社会中与工作有关的活动经验,从社会角色的角度看,其综合性包括学生、子女、父母、公民等各个层面的工作与生活角色。

(3)独特性。每个人的生涯发展都是独一无二的。与生涯有关的学习及生活经验塑造出个人独特的生活方式。

(4)发展性。生涯发展是生活中各种事件的连续演进的方向,个人在不同的年龄阶段有不同的发展任务,这些任务的不断达成与发展也促成个体的不断成长。

二、生涯规划的概念解析

20世纪初,美国出现了职业指导服务,这种服务能根据心理学理论帮助人们进行职业选择。在这之后,随着人本主义心理学和职业指导心理学理论的深入发展,现代研究者开始重新审视职业指导的核心理念。他们主张职业指导不应仅停留在对个体外在行为表现的观察和信息的提供上,而应深入探索个体的心理特质。这种转变要求人们更加关注个体的内心世界,深入理解个体做事的动机、价值观以及职业发展的动态过程。此外,研究者还强调,职业辅导应当采用终身发展的视角。他们指出,职业选择并非一个静态的、单一时间点的决策,而是随着个体成长和经历不断演变的。因此,我们要从人类发展的大方向上分析职业行为,从更广阔的视角来理解个体的职业选择和职业发展。这些观念为"生涯规划"等一系列新概念的出现打下了理论基础。生涯规划的时间跨度与空间跨度较大。从时间上说，它关注人一生的每个阶段；从空间上说，除职场表现与职业选择外，生涯规划还关注人生活的各个方面，如价值观的养成、自我意识的发展、内在潜力的挖掘等。如今，生涯规划已深入人心，它聚焦于个体的生涯发展，充满了对未知的探索与对自我的深刻反思，旨在构建出一个能够引领人们走向成功的战略构想和详细计划。生涯规划不仅是简单的目标设定，更是一个不断更新的过程，它包含了目标的构想、分析及决策，旨在帮助人们逐步实现人生目标。

分析生涯规划这一概念的演变可以发现，人们对生涯规划的理解是逐步深入的，从关注人与事的简单匹配到对人心理特质的关注，从关注人某一阶段的活动到对人终身发展的关注，从关注人的职业决策到对人生活中方方面面决定的关注，人们不断地丰富着生涯规划这一概念的内涵。

值得注意的是，生涯规划是一个持续不断的过程，它需要我们不断地审视自我、调整方向、制定计划，以确保我们能够稳步前行，最终实现自己的人生价值。在职业生涯规划过程中，我们首先要做的就是确定目标。生涯目标的确立对整个职业规划至关重要。要想确定合理的目标，我们不仅要对自身性格、心理特质、天赋等有深入的了解，还要掌握社会经济发展状况、行业前景、工作环境等方面的信息。我们处在一个信息爆炸的时代，在确定生涯目标时往往面临多个选择，这时理性分析就显得十分重要，只有经过对信息的整合、筛选、判断后，我们才能确立一个既明确又符合自身需求的生涯目标。在目标确定后，我们就可以开始制订行动策略了，行动策略涉及多个方面，从探寻可行的路径，到具体方案的制定，再到对方案进行细致的分析和决策，明确前进的方向，详细规划实现目标所需的具体行动和时间。同时，我们也应该明确，生涯规划并不能一蹴而就，评估与反馈同样至关重要。即使我们对当前的情况有着深入的了解，过于简化的决策过程也可能导致关键信息的遗漏，因此，我们需要时刻保持警觉，不断审视自己的决策和行动，确保其与目标保持一致。在作出行动后，对行动过程的重新评估是必不可少的，这有助于人们及时发现并纠正可能存在的偏差，确保其始终走在正确的道路上。通过不断地自我审视和调整，人们能够更加稳健地迈向成功的未来。

三、职业生涯的概念解析

通过对"生涯"一词概念的研究可知,生涯是人一生发展经历的总和,包含人的各种职业和社会角色。

在人的一生中,教育生涯与职业生涯是至关重要的两个阶段。人们通过学业生涯为职业生涯打下良好的基础,而职业生涯是学业生涯的延续与升华,二者相辅相成,共同构成了我们人生旅程中最为关键的篇章。由于人生大部分时间是在从事职业的过程中度过的,我们未来的衣、食、住、行等各种需要几乎都要通过我们的工作来满足。从迈入职场到退休前的这段岁月,我们几乎每天都要与自己的工作相伴,因此,对于每个人来说,工作是否契合自身价值观,是否能从中找到满足与意义,都显得尤为关键。职业,不仅是我们谋生的手段,更是我们实现自我、展现价值的舞台,它与我们的人生紧密相连,我们的职业选择在很大程度上决定了我们在社会中所扮演的角色,以及我们所拥有的生活空间和生活形态。正因如此,有人将生涯称为"职业生涯"。

学者对职业生涯的概念有着许多不同的解释。心理学家斯坦利·霍尔(Granville Stanley HallHall)等人将其界定为一个人从职业学习的起点开始,直至职业劳动结束所经历的整个工作历程。这种理解将职业生涯限定在直接从事职业工作的人生阶段,起始于任职前的职业学习和培训。霍尔强调,职业生涯不仅涵盖了个人在工作中的经历,还涉及与工作或职业相关的所有活动,贯穿人的一生。沙特列(Shartle)将职业生涯视为个人在工作生涯中所涉足的各种职业或职位的集合。而麦克法兰德(McFarland)认为,职业生涯是基于个人长期职业目标所作出的一系列有意识的工作选择,以及与之相关的教育和训练活动,它代表了一个有规划的职业发展路径。国内对职业生涯领域的研究起步较晚,但学者已经取得了一些阶段性的成果。程社明认为:"职业生涯是以心理开发、生理开发、智力开发、技能开发、伦理开发等人的潜能开发为基础,以工作内容的确定和变化,工作业绩的评价,工资待遇、职称、职务的变动为标志,以满足需求为目标的工作经历和内心体验的经历。"①

虽然学者对职业生涯这一概念的理解有细微的差别,但他们对职业生涯的

---

① 程社明.职业生涯的开发与管理[J].中外企业文化,2003(2):37-39.

基本认识是相同的,即职业生涯包括人的职业选择、工作经历、与职业有关的活动等,是一个人一生中职业经历的总和。由此可知,职业生涯实际上是一个持续演变的过程,它涵盖个体在职场上的每一处足迹、每一次选择、每一次转变,它不仅是一段段工作经历的堆砌,更是个人在职业道路上不断探索、成长和蜕变的历程,既包括人们作出职业选择时的深思熟虑,又包括职业发展中的成功与挫折。

四、职业生涯规划的概念解析

不同国家、不同领域的学者对职业生涯规划给出了不同的定义。著名管理学家诺斯威尔(Northwell)认为,职业生涯规划就是个人在充分了解自身情况与现实条件后,经过理性分析与利弊权衡,为实现职业目标制定的行动计划。埃德加·施恩(Edgar Schein)则将职业生涯规划看作一个动态的探索过程,人们在不断地进行职业生涯规划的过程中逐渐了解自己的天赋、需求与价值观,并将这些要素与职业生涯联系起来,最终形成一个明确的职业锚点。

我国学者罗双平认为,职业生涯规划是"个人发展与组织和社会发展相结合,在对个人和内外环境因素进行分析的基础上,选择自己的岗位(职业),确定一个人的生涯发展目标,并编制相应的工作、教育、培训、轮岗和行动计划,制定出具体措施,使自己的事业得到顺利发展,获得最大成功"[1]。张再生认为,"职业生涯规划是根据个人情况及所处的环境,确立职业目标,选择职业通道并采取行动和措施实现职业生涯目标的过程"[2]。

结合以上几位学者的观点,我们可以对职业生涯规划这一概念形成基本的认识,即个人在充分了解自身情况的前提下,结合当前的社会形势和各种外界条件,确立一个合理的职业目标,并根据这个目标制订一系列计划的过程。换言之,也就是如何把"我想做的事情"与"我能做的事情"有机结合起来,在社会的需求下如何实现设定目标的问题。从心理学角度而言,生涯规划也就是在现实自我及社会环境的基础上确定合适的理想自我,并为实现理想自我而付出行动。需要注意的是,职业生涯规划的意义远远不止为个体找到一份与其资历、条件相符的工

---

[1] 罗双平. 员工职业生涯规划设计 [J]. 企业文明, 2008(4): 27-30.
[2] 张再生. 职业生涯开发与管理 [M]. 天津: 南开大学出版社, 2003: 172.

作，它更像是一个自我探索的过程，这个过程可以帮助个体深入剖析自我，明确自己的志向与追求，让人们能在追求职业成功的同时实现自我价值的最大化。

五、职业生涯教育的概念解析

职业生涯规划与职业生涯教育，二者联系紧密，互为支撑。职业生涯规划是每个人绘制自己职业蓝图的过程；而职业生涯教育则是借助教育机构、职业生涯规划师等多方力量，为个体提供方向指引与策略支持，助力个体更好地规划自己的职业道路。

职业生涯教育是在就业指导的基础上延伸出来的概念。1908年，弗兰克·帕森斯（Frank Parsons）提出了"就业指导"这一概念，当时就业指导仅仅指协助个人选择职业。随着时代的进步，越来越多的心理学家、社会学家对就业指导的含义作了补充，他们将就业指导看作对个人职业生涯的全面指导，主张通过研究个人的性格特质、社会的整体形势、求职者的物质心理需求等多方面内容，对个人进行职业生涯教育。在众多学者的努力下，就业指导逐渐上升到关注个人身心发展的高度。1971年，随着西德尼·P. 马兰（Sideng P. MarLand）博士正式提出"生涯教育"观念，美国现代职业生涯教育正式展开。

目前，学界对于职业生涯教育的定义还没有形成统一意见，但大多数学者认为职业生涯教育具有目的性，旨在帮助个体合理地规划自身的职业生涯，促进其职业生涯发展，其核心在于帮助个体实现其职业生涯规划。

职业生涯教育聚焦个人的事业发展，帮助人们解决所受教育和工作岗位的需求不匹配的问题，将通识教育与专业技能教育无缝对接，让教育伴随个体的一生。这一教育过程致力于提升个体的职业适应性和持续竞争力，以应对日新月异的社会变迁和科技进步。因此，职业生涯教育不仅是一个持续演进的教育流程，更是一种全面而系统的教育理念，它鼓励个体在深入了解自我、职业环境、社会动态与发展趋势的基础上，实现个人与职业的和谐，使收益最大化。职业生涯教育的最终目标是促进人的全面发展，体现了对人性发展的深刻关怀。具体而言，职业生涯教育有以下三个特点。

第一，职业生涯教育是有目的、有规划、有组织的。职业生涯教育旨在帮助个人实现职业生涯规划。在职业生涯教育开始前，教育者要进行详细的规划，力求高效率地实现教育目标。同时，职业生涯教育活动要依托严谨的组织进行，并应有专业的教师团队和完备的教学设施。

第二，职业生涯教育是持续的、动态发展的。职业教育的目标就决定了它一定是贯穿受教育者职业生涯始终的，教育者不能将其视为短期的教育活动，应该着眼于学生的整个职业生涯。而在社会发展日新月异的现代，教育者想要帮助学生实现职业生涯规划，就需要时刻关注经济、就业环境等外部因素，以及学生自身的技能、需求等个人因素的变化，不断调整教育方法和教育途径。

第三，职业生涯教育是综合性的。职业生涯教育围绕帮助学生实现职业生涯规划而展开，是一种综合性的教育活动，包括自我评估、环境评估、职业决策、确定目标、制定计划、实施计划、实现目标等多方面内容。

第二节　职业生涯教育的重要意义

一、现代教育体系的重要组成部分

人的全面发展是人类几百万年来的执着追求，职业生涯教育是现代教育的有机组成部分。

（一）将教育与个体发展紧密结合

职业生涯教育是现代教育体系中不可或缺的重要部分，是个体在社会生产和社会生活中将教育与自身发展相结合的一种有意识、有目的、有计划的行为活动。

在社会的共同生产劳动中，每一位成员都需要掌握生产工具的使用技巧，这是物质生产的基础。不仅如此，他们还需要适应特定的生产关系，遵守劳动纪律和行为规范，以确保生产的顺利进行。这些生存能力实际上是个体的社会知识与实践经验的体现，它们承载着一定的社会功能。这些社会知识与经验通过教育的形式传递给每个人，促使个体不断完善自我，实现个人的成长与发展。从个体的角度来看，社会实践活动固化在每个个体的职业生涯层面上则可以视为个体成长过程中不断的自我发展形态，包括职业与休闲等一系列角色的综合。个体能否在受教育的过程中获得社会经验、了解社会规范，关键在于是否能将教育与个人发展紧密结合。换句话说，只有个体明确了"我是谁""我将来要做什么"这些问题，并将其与教育活动联系起来，才能体现教育对个人发展的实际价值。当个体意识到职业生涯发展是伴随自己一生的连续不断的过程，并且只有在个人主动追寻与适应社会变迁的过程中才会形成自己期望的生活形态的时候，教育对个体发展的影响作用才能得以体现。

（二）使全面发展从理论走向现实

职业生涯教育可以帮助个人更深入地了解自己、明确自己的职业生涯规划、实现自己的职业发展目标，从而助力个体实现全面发展。现代教育所提倡的人的全面发展，表现在人的主体价值中。人的主体价值提倡个体自由、充分地发展，促使个体提高自身精神境界和知识能力。

人的主体价值的展现首先在于对自我的清晰认知，并将这种认知与职业生涯结合，形成清晰的职业生涯自我概念。自我概念是职业生涯教育关注的重要议题，通常被视为个体人格的核心，是生活中各种活动的统整力量，对人们的决策行为起着指导作用。在生涯教育的过程中，只有个体形成明晰的自我概念之后才能对自身的认识以及对自身主动性发展的掌控达到一个新的高度，从而体现现代教育的成果。因此，在现代生产与社会关系的制约下，个体通过受教育的过程体现人的全面发展的过程，在充分发挥自己各方面能力的基础上展示自身的力量和价值。

（三）将教育与生产劳动紧密结合

教育与生产劳动相结合，在教育学上具有重大的意义。正如马克思所说，教育与生产劳动相结合是实现人的全面发展的唯一方法。

社会生产是整个社会生活的基础，因而教育与生产劳动相结合，已逐步发展为教育与政治、经济乃至整个社会生活的结合。整个教育事业必须同国民经济发展的要求相适应，国家的教育规划应该与劳动计划相结合。在深入理解教育与生产劳动相结合的思想过程中，顺应社会发展的教育形式也不断出现，终身教育、素质教育相继被提出。1989年，联合国教科文组织在北京召开了"面向21世纪教育"国际研讨会，再一次承诺推行终身教育，并在可能的情况下与职业道路规划结合起来。以现代教育这一特征为前提，提出职业生涯教育就是要帮助学生实现从学校到工作世界的转化，消除职业导向教育与普通教育及学术教育之间的壁垒。另外，职业生涯教育的内容也反映了教育与生产劳动相结合对于个体发展的重要意义。在一个人具备工作所需的读、说、写、算等基础能力，具有正确的工作价值观与职业生涯发展决策技巧的同时，了解自我、教育及职业机会的关系才能使他们所从事的工作成为个人整体生活形态的一部分。

二、有利于促进青少年的自主成长

哈维格斯特（R.J.Havighurst）所阐述的"发展任务"理念主张以个人职业生涯发展为着眼点开展职业生涯教育。这一理念聚焦于个体在特定年龄阶段所需要达成的目标，当个体能够顺利实现这些发展任务时，他们将会体会到满足与愉悦，同时为下一阶段的成长奠定坚实基础；反之，若未能达成目标，个体则可能感到挫败与失望，行为不会得到社会的认可，并且影响下一阶段的发展。职业生涯发展学家萨柏舒伯也从发展的角度提出，职业生涯是一种循序渐进、有秩序并且可以预测的过程。每个人的自我概念从青春期开始发展至成人期转化为职业概念，在成长过程中，父母的认同、未来有关职业的选择、个人能力、父母经济地位以及个体自身的价值观、兴趣、人际技巧等都会影响个人角色的发展和角色的一致与协调。也可以说，个体在成年期所感受到的生活满意度与工作满意度与其在青少年时期形成的能力、兴趣、人格特质、价值观有直接的联系，因此，职业生涯教育对青少年自主成长的意义重大。职业生涯发展时间上的不可逆性，职业生涯发展各阶段的发展任务如何有效地得以完成，是学校与家庭共同面临的问题。因此，学校应提供职业生涯发展阶段所必需的教育内容。个体生涯发展是否顺利在于其自我特质与未来职业的匹配程度，每个成长中的个体都应该清楚地了解工作世界。因此，学校、家庭及社区必须关注青少年学习过程中的职业生涯观念的形成与发展。

教育的实施者应关注职业生涯发展教育，使青少年建立对职业生涯的正确观念，让他们有机会发掘自己的潜能特点，避免过早地作出不正确的或不恰当的职业生涯决定。

一些外国学者早就意识到青少年职业生涯辅导工作的重要性。他们指出，青少年阶段的职业生涯辅导是帮助个体明确职业目标的重要手段，应该予以重视。

他们相信，通过精心设计的职业生涯教育与辅导，青少年不仅能获得许多宝贵的实践经验，也能对自己未来的职业生涯有更清晰的认知，他们将逐渐理解职业的变迁，以及这些变迁背后的原因，他们将明白兴趣、能力和价值观念在职业生涯中的重要作用，同时提升自己在工作中的决策能力和竞争力。

综上，职业生涯教育对青少年的自主成长所具有的重要意义已不是狭义的职业指导或就业安置，而是广义地认识自我、认识世界以及了解个人与工作世界之间的关系，这样的职业生涯教育内容已不是简单地让青少年决定未来的发展方向，而是让其从多个方面了解自己，并认识内在自我与外在世界的关系。青少年期是个体人生发展变化与转换的关键时期，在青少年期形成的自我概念、对世界的认识与看法等，对于其职业生涯觉察与职业生涯规划具有重要的影响。因此，如能在早期建立正确的自我概念并展开职业生涯探索活动，形成职业生涯知觉与职业生涯决策能力，就个人而言，可以促进其适应性发展，充分激活其内在潜能和自觉精神，造就一批有创造精神和创造能力的高素质劳动者，有利于社会整体人力资源的形成和发展。

三、满足社会发展的需要

马克思关于人的全面发展的学说指出，个人发展应该是一个历史的、动态的概念，就其最一般的意义而言，它是指人从自然、社会和自身中争得自由的满足程度，以及在不同的历史阶段社会对人的主体发展的满足程度。职业生涯教育的兴起与发展体现了随着社会经济的不断发展，教育在人的全面发展中融入了新的意义。学校阶段的职业生涯教育将成为学生个体成长的关键。随着近年来科技的迅速进步，个体的劳动形态正经历着深刻的变革。体力劳动逐渐退居次要地位，而脑力劳动和科学性劳动则日益占据主导地位。这一转变预示着社会劳动正逐步迈向以智力和知识为核心的新阶段，劳动技术亦在朝着智能化的方向不断演进，预示着未来劳动形态发展的新趋势。

与此同时，人作为劳动的主体需要拥有弹性的知识、技能与态度，以适应社会的需要。我国正处于社会主义初级阶段，社会分工仍将存在，工作世界清晰地反映了社会分工对人类个体的全面发展的影响。虽然以往也存在社会分工对人的发展产生的片面性影响，但是社会经济的发展决定了社会分工的存在，职业生涯教育的意义就是可以在某种程度上将社会分工对人的全面发展的消极影响转化，通过职业生涯观念的注入将人的发展与工作世界结合，当人的发展与工作世界的选择处于和谐的状态时，就会在一定程度上克服社会分工对个人发展的消极影响，从而使人的全面发展在现代社会得以有效实现。

四、有助于构建终身学习社会

从职业生涯教育的目的来看，职业生涯教育在于增进学校与社会之间的联系，让学生的学校课程与社会生活紧密相关，培养个体的知识、技能和态度，这与终身学习的"学会学习、学会做事、学会生存"有着目的上的一致性。因此，职业生涯教育可以成为终身教育在每一个个体发展过程的切入点。终身教育观点的拥护者认为，将人的一生分为受教育和工作两个阶段的观点是片面的，他们主张教育应该贯穿人的一生。按照他们的观点，教育者应着眼于人生命的全部阶段，为个体提供不同阶段所需要的不同知识与技能。然而人的发展不能仅靠普通教育或职业教育，个体无论接受何种形式的教育，最终都要在社会中体现教育的结果，在以职业为核心的人生发展历程中体现个人的价值。在终身教育体系中纳入职业生涯教育理念会使生涯发展成为推动人们终身学习的动力。在个体职业生涯教育层面，教育者期望个体在以工作为核心的一生中达成以下目标：第一，认识自我。"我是谁"是每个人都要回答的问题，充分了解自己的兴趣爱好、天赋、能力是获得成功、拥抱幸福生活的重要前提。第二，做好职业规划。个体通过工作来实现人生价值，好的职业规划能帮助人们在工作过程中事半功倍。第三，拥有充足的休闲时间。工作虽然重要，但人的休闲活动同样是不可或缺的。这三个层面也是终身教育期望达成的结果。总之，当学习与个人的职业生涯发展联系在一起时，职业生涯教育就会成为终身学习的驱动力，终身教育也会成为职业生涯教育的必然归宿。职业生涯教育与终身教育之间存在着以下四个层面的联系。

从时间的层面来看，终身教育将教育活动与人的一生联系起来，认为教育应贯穿个体的每个人生阶段，职业生涯教育也以个人的一生发展反映职业生涯发展的生活广度与生活空间。

从形态来看，终身教育形式多样，人们既可以在学校系统内接受正规的教育，也能在学校之外接受各种非正规的教育。职业生涯教育贯穿人的一生，因而职业生涯教育也包含着正规和非正规的教育形态。每个人所需要的工作知识和技能既可以从学校教室中获得，又可以从家庭、教育机构、工作单位等地方获得。

从结果来看，终身学习实质上是对知识、技能和态度的持续追求与革新，它不仅能够使人们不断获取新知，更能促使人们更新旧有的认知，甚至重塑人们的态度观念。其深远的意义在于推动人们向自我实现的境界迈进。这种内在的成长与转变，与职业生涯教育所追求的目标不谋而合。在某种程度上，终身学习获得的与发展有关的一系列知识、经验及能力的改变来源于生涯发展的基本内容。

从实施的层面来看，终身学习的成功有赖于个体提升自我导向学习的动机和能力。终身教育不是要每个人一生都接受学校教育与课堂教学，个体要在一生中始终都在特定的场所接受教育也是无法做到的，但当个体从生涯发展的角度希望达成工作或生活中的某一目标时，自我导向的学习动机就会形成。

综上，职业生涯教育的意义在于通过在学校教育中引入职业生涯教育的理念促进学校教育改革目标的顺利达成。对于个体来讲，社会化是贯穿人一生的过程，职业生涯教育是人社会化过程中的一项必不可少的教育内容。对于一个国家来说，职业生涯教育也是提高国民就业能力和就业水平的重要手段与途径。

第三节　职业生涯教育的发展历程

西方的职业生涯教育起步较早。以美国为代表的西方各国在经历了工业革命后，经济飞速发展，职业也越来越精细化、专业化。许多学者很早就注意到了经济周期波动下的失业与就业问题，并开始重视职业生涯教育。以美国为例，帕森斯早在20世纪初就开始倡导职业指导运动，此时的职业指导还是以简单的"人职匹配"为核心理念的活动。到了20世纪50年代，舒伯提出"生涯发展"理论，为就业指导从单纯帮助个人找工作到关注个人身心发展的转变提供了理论基础。20世纪70年代，马兰提出"生涯教育"理念，此时全美都注意到了生涯教育的重要性，生涯教育改革运动由此爆发，各学校都开始注意学生的生涯教育。如今，职业生涯教育理念在美国已深入人心，从幼儿园到高校，每所学校都十分注重学生的职业生涯教育。

不同于欧美国家，我国的职业生涯教育仍停留在就业指导层面，相关理论都只能借鉴西方国家，并不能做到职业生涯教育本土化。值得注意的是，在借鉴国外高校职业生涯教育模式时，我们同样需要对其背后的演进过程给予充分关注。西方的职业指导在发展到某一阶段后便出现了"生涯教育"的概念，这种概念的产生也反映出西方学者对"如何促进人的生涯发展"这一问题的深入思考。从20世纪初算起，职业生涯教育的发展与演变分为三个主要阶段，即职业指导阶段、职业生涯辅导阶段、职业生涯教育阶段。

一、职业指导阶段

职业指导阶段是职业生涯教育发展的最初阶段，从时间上看为20世纪初到20世纪40年代末。

职业生涯教育最早以职业指导形式出现。这一实践形式本质上是一种由专业机构提供的咨询指导过程，旨在协助个体明确职业方向、作出职业选择、做好就业准备，并实现自身职业目标。职业指导是西方社会在技术飞速发展、社会分工日益细化这一大背景下，为解决日益凸显的就业问题而诞生的。1908年对职业生涯教育来说是一个重要的节点，这一年，美国波士顿大学的帕森斯教授创建了首个职业指导机构——波士顿地方职业局。这一机构旨在引导人们接受职业教育与培训，并辅助他们进行职业选择。到了1909年，帕森斯等人出版了职业指导的专著《职业选择》（*Choosing a Vacation*），正式提出了"职业指导"（vocational guidance）这一术语，标志着职业指导活动的正式开启。帕森斯的理论贡献尤为显著，他提出的"人职匹配"理论，为职业指导理论的发展奠定了坚实的基础。这一理论强调了个体特点与职业要求之间的匹配性，形成了一种独特的职业指导模式。这一理论不仅确立了职业指导在现代社会中的重要地位，更标志着职业指导理论的创立。早期的职业指导实践对职业生涯教育理念的形成很有帮助，为其奠定了良好的基础，让职业指导成为一种专业性工作。因为帕森斯在职业指导方面的卓越贡献，他被认为是职业指导的创始者。随着时代的发展，日本、德国、加拿大等国也逐渐出现了职业指导，并受到了社会各界的重视。

1913年，美国的"全国职业辅导协会"（National Vocation Guidance Association，NVGA）成立，该组织的工作范围涵盖教育、就业、生活、社会等各个方面。当时的指导者依据"人职匹配"理论为在择业过程中遇到困难的个体提供帮助。在"人职匹配"理论的不断发展下，职业指导逐渐进入高校。

20世纪初的就业指导以心理测量为基石，大量的心理测试在这时被引入就业指导领域。从1916年就业指导中首次应用心理测试开始，就业指导与心理测试的关系越来越密切。

在20世纪，职业指导经历了显著的起伏。最初，受到帕森斯理论的启发，职业指导在1900年至1920年得到了广泛的推广与实践。然而，随着约翰·杜威（John Dewey）的进步教育理念的盛行，从19世纪20年代开始，职业指导在普通学校教育体系中的地位逐渐边缘化。约翰·霍兰德（John Holland）推动了职业指导的发展，他基于人格与环境相互作用的观点，提出了人格类型与职业类型的匹配模型。在这套模型中，劳动者和职业被分为六类，分别是现实型、研究型、艺术型、社会型、企业型和常规型。为了更准确地评估个体的人格类型，霍兰德先后创造了职业偏好量表（Vocational Preference Inventory，VPI）和自我导向搜寻量表（Self-Directed Search，SDS）两种测量工具。这些工具不仅操作简便，而且实用性强，为个体提供了有效的职业选择和发展指导。

在职业生涯指导阶段，人们提升了对职业指导的关注度，打破了固有的观念，意识到职业选择并非天赋，个体需要在专业人士的引导下，基于对自我及社会环境的深入了解，才能作出明智的决策。这一认知的革新，不仅为职业指导领域的研究开辟了新的天地，更为其在社会中的广泛实践奠定了坚实的理论基础。"人职匹配"理论的提出，推动了职业指导向更为系统化和科学化的方向发展。尽管这一理论尚存不足，但其对后续研究的启示与指导意义不容忽视。需要指出的是，受限于当时的社会背景，这一阶段的就业指导也暴露出了一些局限性。首先，就业指导将职业选择视为一种静态的、一次性的决策，忽视了职业选择实际上是一个动态、持续的过程，人的职业观念和职业决策能力是不断发展和变化的。其次，在职业指导过程中，过分强调指导者的作用，而忽视了咨询者作为主体的地位。这种"医生开处方"式的指导方式，不仅不利于咨询者对职业的深入理解和体验，还可能影响职业指导的实际效果。最后，这一阶段的职业指导过度依赖心理测量工具，过分关注个体心理因素，而忽视了社会经济情况、市场需求变化等外部环境对职业选择的影响。

二、职业生涯辅导阶段

自20世纪50年代起，职业指导发生了两次大的转变：第一，指导者逐渐意识到社会、经济等外部因素对人的职业选择的影响，不再将职业指导看作静态、单一的职业选择，而是将一些外部因素引入这个领域，将职业指导放到人类发展的大框架中进行研究。第二，指导者开始注重咨询者的主体地位，将传统的职业指导转化为更人性化的生涯辅导。在这一时期，指导者会根据咨询者的性格特质和个人需求来提供建议，不再单纯依靠"人职匹配"理论向咨询者灌输信息。

金兹伯格（E.Ginzberg）作为职业生涯发展理论的代表人物，在1951年提出了一种新的职业生涯发展理论，这种理论不同于之前静止状态的特质-因素理论，更关注个体在不同时期对职业选择的想法和行动。金兹伯格认为职业生涯发展伴随人的一生，人在选择职业生涯时充满了不确定性，且大多数的职业生涯选择都是不可逆的。基于这些观点，金兹伯格将职业选择分为幻想期、尝试期、现实期三个阶段。值得一提的是，金兹伯格虽然意识到了职业生涯的终身性，但其研究主要关注个体从童年到成年早期这段时间的职业选择，仍然不够全面，这也让他的理论在影响力上不如舒伯的理论。

在《职业生活的心理学》这部著作中，资深心理学家舒伯在前人理论的基础上，凭借对生涯发展脉络与心理测评的广泛研究，首次明确了"职业生涯"这一概念，他将个体的职业生涯划分为五个独特的阶段，即成长期、探索期、建立期、维持期和衰退期，这些阶段不仅构成了他职业生涯选择与发展理论的基石，也为人们理解职业生涯的复杂性和动态性提供了全新的视角。舒伯的理论体系受特质-因素理论、发展心理学及个人结构理论的启发，同时充满了他对自我认知理论和社会学习理论的独到见解，他强调，人们应当从生命周期这一宏观视角来审视职业生涯发展，重视每个阶段的职业任务和挑战。职业发展与个人发展是紧密相连、相互影响的，个体的职业发展轨迹是在个体的生活角色和工作角色的交织中形成的。

到了20世纪60年代，一些学者逐渐意识到咨询者在职业指导中的重要性，主张职业指导应转向职业生涯辅导。这一时期的代表人物心理学家卡尔·兰塞姆·罗杰斯（Carl Ranson Rogers）创立了"当事人中心"的非指导学派。与传统职业辅导方式中以教导者为中心不同，"当事人中心"学派认为咨询者的经验是值得重视的，教育者应当注重激发咨询者自我认知和解决问题的潜力，引导他们向正确的方向前进。罗杰斯坚信，在咨询过程中，咨询者的心理特质，以及治疗师与咨询者之间建立的关系，是决定治疗效果的两大要素。相比之下，理论与技术层面的知识则只能处于辅助地位。罗杰斯的理论不仅彰显了对咨询者的尊重，更是对传统的以教导和心理测试为主导的职业指导模式的挑战。

综上，在20世纪五六十年代，随着生涯发展理论的出现和心理学相关研究的深入发展，职业指导逐渐转为职业生涯辅导。这一时期主要有三方面特征：第一，人们的择业观由静态的一次性选择转化为动态的终身发展，这时的人们开始意识到职业生涯规划的终身性，开始关注时代变化和个人需求变化给职业生涯带来的影响，拥有了更强的职业意识。第二，学者开始注重职业生涯发展的阶段性。在这一时期，一些学者意识到个体的职业观念从孩童时代就开始产生，在人生的不同阶段，人们的职业意识有着不同的特点。然而，在同一人生阶段的不同个体表现出的职业生涯特征却大致相同，这就使得学者开始按照人生阶段来研究个体的职业生涯特点。在明确了个体不同人生阶段的职业生涯特点后，学者往往能对个体进行更科学的职业辅导。第三，在这一时期，咨询者在职业辅导过程中的主体性开始凸显。随着职业辅导活动的不断发展，辅导者逐渐意识到个体的主观能动性在职业选择中的作用，咨询者的主体地位也由此凸显。这时的辅导者开始更加重视咨询者的个体需求和心理特征，注重引导咨询者自己作出职业决定。

三、职业生涯教育阶段

1970年，"生涯教育"一词被正式提出，当时一名美国教育部门官员提出教育目标应该以工作为导向。这之后不久，教育的"工作导向"理念得到马兰的大力支持，一场以"生涯教育"为主题的教育改革浪潮席卷了美国。

在20世纪70年代美国社会的变革浪潮中，市场对个人的职业能力提出了更高的要求。即便如此，雇主仍然频频抱怨，对教育体系在培养实用型人才方面的不足表示不满。这一时期，美国青年失业率较高，学习热情也不断减退，这无疑给政策制定者带来了沉重的压力。在这样的背景下，"生涯"这一概念因其对个体全面发展的关注，以及对教育与职业之间合理衔接的强调，逐渐成了教育改革的核心议题。马兰，这位生涯教育的先驱者，坚信教育应围绕学生的未来职业展开，教育的目标应该是为每一个学生铺设更宽广的生涯道路，为他们步入社会或继续深造做好准备。美国相关报告指出，生涯教育并非单一的教育项目，而是一个全面的、贯穿始终的教育计划，它涵盖了学校课程的每一个环节，为学生提供了逐步深入的学习体验。这种教育不仅能帮助学生掌握必要的职业技能，更重要的是，它教会了学生如何作出明智的职业生涯决策，以及如何构建自己独特的生活方式。

马兰提出的生涯教育主要包括三方面内容：第一，无论学生是否选了职业课程，都应该接受生涯教育；第二，生涯教育不是针对某一个学段的教育，而应该贯穿学生的整个受教育过程；第三，即使是中途退学的学生，也应该掌握必要的生活技能。从这些内容我们可知，生涯教育具有普遍性和持续性，是教育体系中不可或缺的一部分，贯穿人生的各个阶段。

自20世纪90年代起，各国开始重视职业教育和普通教育的概念划分与整合。在全球教育整合的浪潮中，不少国家开展了"从学校到生涯"（School to Career）运动，促进了"从学校到生涯"的职业教育理念（以下简称"STC理念"）的形成。著名教育家杜威早在1916年就在其经典之作《民主主义与教育》中前瞻性地指出：教育观念的革新势在必行，重视技能传授的职业教育和重视理论传授的普通教育不应被人为地割裂开来，而应相互融合，共同助力学生的全面发展。STC理念与杜威的这种理念有异曲同工之妙。STC理念主张教育应为学生从学校到职场的过渡提供帮助：首先，普通教育应该注重对学生学习能力的培养，让他们学会学习，善于学习；其次，学校应该制定科学合理的技能标准，让学生接受必要的职业技术培训；最后，教师应该注意培养学生的终身学习意识，引导他们在工作中不断学习，增强自身竞争力，用丰富的知识和扎实的技术来应对不断变化的社会环境。

21世纪以来，各国都积极推进职业生涯教育，构建大中小学衔接的全过程职业生涯教育。2019年，澳大利亚发布《未来准备：以学生为中心的国家职业生涯教育战略》，其中各年龄阶段职业生涯发展目标层层递进、重点突出，均符合学生身心发展的特点。

这一阶段对整个职业生涯教育理论的贡献有三个方面：第一，人们在开展职业生涯教育时从对物的关注转向对人的重视。过去，职业指导往往将个体抽象化、类型化，视为被动的客体，忽视了人的独特性和内在需求。这一时期的职业生涯教育则打破了这一桎梏，教育者开始尊重每一个个体的主体价值，鼓励人们深入探索职业对个人成长的内在意义。更重要的是，这时的职业生涯教育强调个体的学习意愿、发展意愿的重要性，人们意识到每个人都有权利，也有能力去选择自己的道路，塑造自己的未来。这种自主选择不仅体现在职业选择上，更贯穿于个体生命发展的全过程。第二，在这一阶段，人们开始重视教育生涯与职业生涯的衔接，将职业生涯规划放到了人生的整个发展历程这一宏观角度。这一阶段的职业生涯教育拥有了更加丰富的内涵，涵盖了教育、就业、职业发展等多个方面，并将所有阶段性的职业生涯任务整合到了一个总的生涯目标之下，让教育与工作之间衔接得更为紧密。摒弃以往的割裂状态，以全局视野洞察人的成长轨迹。在这个阶段，职业生涯教育理论的研究者发现，在社会生活中，个体扮演着多重角色，穿梭于不同的生活场景，虽然职业角色较为重要，但并不能将其独立于其他角色之外，他们开始将职业角色视为一个整体中的一部分，全面审视个体在生活中的多重角色，理解角色之间的相互作用。通过这样的审视，研究者更深入地理解了工作对于个体生命的意义。

未来，关于职业生涯教育发展的理论研究会走向融合。目前职业生涯理论有融合的趋势，一个理论不可能解决所有的问题，所以我们要了解每个理论的长处和不足，以融合的视角来研究和解释职业生涯教育。未来的职业生涯教育将会是社会各界共同支持生涯发展的教育，在教育内容中会融入更多的软技能培养，更加关注学生个体的多元人生角色，为学生发展提供更大的支持。

第四节　职业生涯教育的理念与理论

前文提到，西方的职业生涯教育起步较早，相关理论比较完备，实践经验也十分丰富，其中许多理论对我国今天的职业生涯教育工作有重大意义，如职业匹配理论、职业生涯发展阶段理论等。这些理论是我国开展职业生涯教育的基石，也是我国构建科学合理的职业生涯教育体系的重要参考。如今，一些西方国家已经将职业生涯规划理论融入学校教学中，用这些科学的理论助力学生全面发展。

一、职业匹配理论

职业匹配理论是一类重要的职业生涯教育理论，它强调个人的性格、能力、需求等内在特质在职业选择中的核心地位，主张人们在选择职业时，应追求个人特质与职业特质的和谐统一。这类理论有很多，如特质因素论、人格类型论、职业锚理论等。

（一）特质因素论

特质因素论的创立者是美国波士顿大学教授帕森斯，美国职业指导专家威廉逊（Williamson）等学者则对其理论进行了发展和完善。这一理论是职业生涯规划理论中最早的职业辅导理论。

该理论通过使用特质来描述个体之间的差异，这里的"特质"含义丰富，涵盖人们的能力、天赋、兴趣爱好及价值观念等。这些深层的个人特征，如今已经可以借助科学的心理评估工具得以精准描绘。而所谓的因素则是指人们想要在工作中取得成功必须具备的条件，这些条件要通过对工作的理性分析得出。这一理论强调个人特质与职业选择的匹配，鼓励人们基于对自身天赋、兴趣和价值观的深刻认知，寻找适合自己的工作。正如帕森斯所言，每个人都是独一无二的，拥有独特的人格，而且这些人格是可以通过科学手段进行客观衡量的，因此，人们的职业选择应当是一场寻找与自己人格相匹配的工作的旅程。同时，每种人格模式都有与其相适应的职业类型，因此，个人的特质与职业的要求越匹配，职业成功的可能性也就越大。所以，帕森斯提出了职业选择过程中的三个关键点：第一，认识自我。帕森斯认为认识自我是职业选择的第一步，人们需要深入地了解自己的性格特质、能力、价值观等。第二，认识工作。社会工作多种多样，不同的工作有不同的优缺点，人们在进行职业选择时要对不同工作有足够的了解。第三，整合有关自我与职业世界的知识，在充分分析以上两种要素的基础上实现自我与职业的最优匹配。

在帕森斯职业指导三要素的基础上，威廉逊（Williamson）将其进一步发展完善，他立足个性心理学与差异心理学，提出了一个核心观点：每个人都是独一无二的，拥有独特的人格魅力和能力，而不同特质又与特定的职业领域有着千丝万缕的联系。基于这一理念，特质因素论孕育出了职业选择的三大准则。首先，要深入剖析自我，挖掘并理解个人的特质与潜能，这是职业选择的起点。其次，要对职业环境进行细致的分析，了解不同职业的特点、要求和发展前景。最后，将个人的特质与职业环境进行精准匹配，找到自身需求与职业要求的最佳契合点。

帕森斯的特质因素论是职业生涯规划理论中十分经典的一种，时至今日仍然影响着许多人的职业选择，通过对这一理论的研究，人们在进行职业生涯规划时可以明确三个关键点：第一，每个人都是独特的，不同的人的能力与人格特点各有差异；第二，不同的人都能找到合适的职业；第三，基于前两点，人们可以根据自己的人格特点来选择适合自己的职业。但是，该理论过分强调个人特质与职业的静态匹配，忽略了社会因素对职业选择的影响和制约作用。虽然如此，该理论所强调的"知己"和"知彼"的求职原则也被后来的职业生涯规划理论借鉴。

（二）人格类型论

人格类型论，这一由霍普金斯大学教授霍兰德构建出的理论，是对特质因素论的拓展。霍兰德认为，每个人在职业选择上的倾向实际上是其内在人格特质在工作领域中的自然流露。换句话说，人们之所以会被某些职业吸引，是因为这些职业在某种程度上满足了人们的内在需求，这种匹配性不仅让人们在工作中感到满足和愉悦，也使人们更有可能在职业生涯中取得成功。

在霍兰德的理论中，个人的兴趣和人格特质在其职业选择中起着至关重要的作用。按照霍兰德的理论，我们可以将人格分为六种类型，分别为常规型、社会型、研究型、企业型、现实型、艺术型。常规型的人坚忍、有序，是秩序的坚定拥护者。社会型的人充满热情，热衷于与人交往的各项活动。研究型的人谨慎严格，他们内向且独立，对事物持有严肃的态度。企业型的人总是雄心勃勃、自信满满，具备出色的领导能力。现实型的人坦诚直率，始终将实际作为行动的指南。艺术型的人敏感细腻，善于用言语和创作表达自我。霍兰德坚信，人性中的特质与人们的职业选择之间联系密切，在他看来，拥有某种特定人格类型的人往往会被与之相匹配的职业吸引，人们倾向于在适合自己的环境中寻求发展，不断磨砺与自己的人格特质相契合的技能。这种契合不仅体现在他们的工作和学习上，更深深地烙印在他们的态度和价值观之中。因此，当面对相似的挑战和问题时，他们往往会展现出相似的应对方式和角色定位，这体现出他们独特的人格魅力。环境或职业类型也可区分为与六种人格类型相对应的六种环境模式或职业类型。

霍兰德主张人格类型与职业类型的和谐，他认为人们处于与自己的人格类型相近的职业环境中时，能拥有更出色的工作表现。

基于以上理论，霍兰德制作出了霍兰德职业性向测验量表，用于测试人格类型和职业倾向性。从宏观角度看，霍兰德的人格类型论侧重于不同人格类型与不同职业的匹配。当代大学生可以利用这一理论明确自身人格特质、确定职业类型，找到更适合自己的工作。

（三）职业锚理论

美国职业心理学家埃德加·施恩在经过长期调研，运用多种方式研究44名麻省理工学院斯隆管理学院毕业生的职业经历后，提出了职业锚理论。

职业锚理论强调，在个人的职业发展过程中，应尊重并遵循自身的需求与价值观。通过持续的自我探索，个人能够明确自身的长期职业定位。职业锚指个人作出职业选择时所围绕的核心，面临职业抉择时，个体将坚守那些对自己至关重要的价值观。

想要理解职业锚概念，就要明确以下重点：第一，职业锚的形成依托于个人的实际工作经验。人们只有经过一段时间的工作，积累足够的工作经验后，才能明确自己的长期职业定位。人们在做职业选择时，需要对自己的个人能力、价值观等有充分的了解，而这一切都要靠经历各种实际工作场景来实现。第二，职业锚强调个人能力、动机和价值观之间的相互影响与融合，它是个人与工作环境之间互动的产物，在工作中不断发生着变化。一个人在工作过程中对自己的了解逐渐深入时，他的职业锚会越来越明显，最终占据主导地位。这个过程不仅是对个人能力的挖掘，更是对个人价值观和动机的深入探索。第三，职业锚的形成并不依赖个体通过各种测试表现出的能力或价值观，而是需要人们在实际的工作实践中明确自己的天赋、个人需要和价值观，根据实践经验进行职业定位。换句话说，职业锚并不是在某个瞬间突然形成的，它依赖一段时间的工作经历。只有当个体在实践中对自己的性格特质、个人需求、价值观念等都有了充足的了解之后，职业锚才能形成，想要通过迈入职场前的某些测试明确职业锚是不现实的。

施恩教授经过长时间的研究，确定了8种基本的职业锚类型，具体内容如下：

（1）自主独立型：拥有这种职业锚的人看重自由与独立，他们在工作中常常表现出较强的独立性，习惯按照自己的节奏安排工作和生活，难以接受组织的限制和制约，他们宁可放弃职位的晋升也不会放弃自己在工作与生活中的自主权。

（2）服务型：拥有这种职业锚的人热衷于帮助他人，他们在为他人提供安全保障、提供医疗服务、卫生服务时总是热情高涨。

（3）生活型：拥有这种职业锚的人相比职业发展与薪资情况，更看重职业与个人需求、家庭需求三者的平衡，他们可以为此牺牲职业的某些方面，如职位晋升等，以实现这种平衡。他们之所以能够放弃职业方面的一些机会，是因为他们认为个人的生活质量、家庭的和谐也是成功的标志。对于这类人来说，只有足够有"弹性"的工作环境才是良好的工作环境，他们需要足够的时间来关心个人生活与家庭。

（4）技术职能型：拥有这种职业锚的人注重职业技能的提升，对于他们来说，专业水平的提高是职业生涯中最有成就感的事，这就意味着他们习惯花费大量精力锤炼自己的职业技能，解决自己专业领域内的各种难题。他们往往对管理工作不感兴趣，总是专注于提升自己的技能。

（5）安全稳定型：拥有这种职业锚的人最看重工作是否稳定，对他们来说，工作的可预见性和稳定性是至关重要的。这类人倾向于制定详细的计划来保证自身财产的安全，对退休金和退休年龄也十分关注，正因如此，他们对具体的职位和工作内容不太在意，职业生涯的发展也高度依赖组织。

（6）挑战型：拥有这种职业锚的人喜欢迎难而上，解决各种困难的问题，完成各种看上去不可能完成的任务，他们在工作中常常表现出旺盛的好奇心，对工作中的各种新刺激十分看重，如果一份工作简单易行，对他们来说就是一份毫无吸引力的、枯燥无味的工作。

（7）管理能力型：拥有这种职业锚的人看重职位的晋升，他们擅长资源整合，勇于承担责任，常常将发展公司看作自己的责任。对于这类人来说，胜任具体的、技术性的工作只是成为管理层的必要条件，他们最终的目的始终是成为更全面的管理人员。

（8）创业型：拥有这种职业锚的人志在创立属于自己的公司，生产自己的产品，他们富有创造力和冒险精神，拥有强烈的证明自己的欲望。这类人可能在职业生涯的前期为他人的公司工作，但他们往往将这一阶段看作学习与准备阶段，当他们的各方面资源准备妥当时，他们就会着手创立自己的事业。

职业锚理论对当代大学生意义重大。如今，一些大学生还不了解自己的职业锚属于哪种类型，这是因为职业锚的形成需要一定的工作经历的积累和个体对自身兴趣爱好、人格特质等要素的准确把握，只有当他们具备了这些条件，并面临职业生涯的重大抉择时，职业锚才会显露出来并发挥作用。当大学生拥有了明确的职业锚，就可以判断出什么才是对自己最重要的因素。分析职业锚的形成过程我们可以发现，大学生明确自身职业锚的过程，也是认识自我的过程，大学生可以在这个过程中确定自身的能力、需求、价值观，通过对自身的不断审视来达到最佳的职业生涯状态。当大学生开始规划自己的职业生涯时，职业锚理论能够为他们提供一个独特的视角，通过深入挖掘和剖析自己的职业锚，他们能够更加清晰地认识到自己的职业倾向和兴趣所在，从而为自己设定一个明确的职业方向。在明确了职业方向之后，大学生可以更有针对性地设计自己的职业发展道路，并为之做好准备。无论是参加相关的培训课程、深入学习专业知识，还是积极投身于实践锻炼，都可以为职业生涯中的成功奠定坚实的基础。当大学生即将完成学业，站在人生的十字路口时，职业锚理论是他们决策的重要参考，面对深造、就业等多重选择时，他们可以通过职业锚理论来明确自己最渴望得到的东西，从而作出最符合自己内心愿望的决策。这样的决策不仅能够帮助他们更快地找到职业满足感，还能够让他们在未来的职业生涯中保持持久的动力和热情。

二、职业生涯发展阶段理论

一些学者深入探讨了职业生涯的演变轨迹，他们认为每个人的不同人生阶段承载着不同的职业梦想和人生追求。职业生涯规划的精髓，便在于如何精准地把握这些阶段，为个人的职业发展绘制出一张清晰的蓝图。然而，对于职业生涯发展阶段的具体划分，学界众说纷纭。在众多划分方式中，金兹伯格、舒伯、格林豪斯的理论最具代表性。

（一）金兹伯格的三阶段理论

许多人将金兹伯格视为生涯发展阶段理论研究的先驱，他与他的研究团队经过认真的研究，提出了职业发展三阶段理论。在这一理论中，金兹伯格将职业选择分为三个发展阶段，分别是幻想期、尝试期和现实期。

1. 幻想期

人从出生到 11 岁这一阶段，对世界及自己接触的各类职业充满好奇，他们通过游戏的方式来了解职业，在游戏中扮演自己喜欢的角色，体验这种角色。在这个时期，人们往往根据自己对某种职业的想象来选择自己的职业，完全不考虑自身条件及社会真实状况，处于职业选择的幻想期。

2. 尝试期

11 岁到 17 岁，人的身体和心理都在快速成长，逐渐由儿童成长为青年，自主意识和实践能力进一步增强。这时人们在面临职业选择时往往能关注到兴趣之外的因素，如自身能力、职业需求、社会地位、职业为社会创造的价值等。

3. 现实期

当个体跨过 17 岁的门槛，便踏上了社会的舞台，开始融入社会劳动群体。在这个阶段，个体不再仅仅怀揣着对职业的憧憬和幻想，而是学会了将个人的职业追求与自身的实际情况、专业背景、知识水平以及社会的实际需求相结合。个体开始细致地审视自己，寻找那个真正适合自己的职业角色。此时人们对于未来的职业道路已经有了清晰而具体的规划，他们不再迷茫，而是怀揣着明确的目标，坚定地迈向自己的职业道路。在这一阶段，人们对现实已经有了深刻的理解，能够应对各种实际问题。

金兹伯格的理论属于职业生涯发展阶段的早期理论，注重论述幼儿到青少年阶段人们的职业心理发展过程，点出了早期职业心理的发展对个人最终职业选择的影响。个体成年之后的职业选择有重要意义，该理论对于个体阶段发展不健全的情况，没有提出好的解决方法。

（二）舒伯的五阶段理论

美国著名学者舒伯在细致地研究了发展心理学、差异心理学、人格发展理论及职业社会学，吸收了各学派精华后，提出了自己对于职业生涯发展的观点。在舒伯看来，人的职业生涯发展是持续的、循序渐进的，它贯穿人的一生。舒伯将人一生的职业生涯发展划分为五个阶段，分别为成长阶段、探索阶段、建立阶段、维持阶段和衰退阶段。

1. 成长阶段

在舒伯的理论体系中，人从出生至 14 岁的这段时间是其职业生涯发展的成长阶段，人的自我意识在这一阶段萌芽，开始向外界表现自己的需求，并对外部世界进行不断的探索。

舒伯认为，此成长阶段的核心目标应聚焦于塑造个人的自我认知，培养自己对职业世界的健康态度，并深化对工作的价值理解。这一过程细分为三个阶段：一是幻想阶段（4~10 岁），此阶段以需求为导向，孩子们通过角色扮演等带有幻想性质的活动，来探索和满足内心的渴望；二是兴趣阶段（11~12 岁），此时喜好成为主导，个体的兴趣和偏好开始成为其行动的主要驱动力；三是能力阶段（13~14 岁），此时能力成为关键因素，孩子们开始认识到自身能力在职业选择中的重要性，并据此进行更为实际的规划。

2. 探索阶段

15~24 岁是舒伯理论中人们职业生涯发展的探索阶段。这一阶段是人们接受教育、接触社会的黄金期，人们可以通过社团活动、短期社会工作等多种方式了解自我，了解各种职业。也正因如此，人们在这一阶段往往面临多种职业选择，有较大的不确定性。在这一阶段，人们的核心任务是明确并落实职业选择。这一过程是循序渐进的，分为三个阶段。首先是试探期，大约从 15 岁到 17 岁。在这个阶段，人们开始思考自己的需求、兴趣、能力以及外界的机会，并作出初步的、试探性的职业选择。人们会在幻想中描绘未来的职业蓝图，在与他人的讨论中汲取建议，通过理论学习和初步的实习来体验不同的职业。其次是过渡期，年龄阶段为 18 岁到 21 岁。此时，人们更加深入地接触就业市场或专业训练，开始将职业期待与现实情况相结合，将一般性的职业选择转化为更为具体、更为符合自我观念的特定职业方向。最后是试验承诺期，年龄阶段为 22 岁到 24 岁。在这个阶段，人们初步确定了职业方向，并开始尝试将其融入长期的职业生活中。人们会在实践中检验自己的选择，如果发现不适合，人们可能会再次回到试探期和过渡期，重新评估和调整自己的职业方向。

3. 建立阶段

经过探索阶段的不断尝试，人们往往能在建立阶段确定自己整个职业生涯的职位，并开始维持这个职位。这一阶段的主要任务是稳定工作岗位并创造业绩。此阶段包含两个时期：一是尝试期（25岁到30岁），个体在这一时期追求稳定，部分人可能因为工作变动而不满意自己的岗位；二是稳定期（31岁到44岁），这时人们将工作岗位确定下来，并拥有较强的创造力，往往能作出优良的业绩。

4. 维持阶段

45~64岁是个体职业生涯发展的维持阶段，人们一方面要维持自己工作岗位的稳定，另一方面要应对职场新人的挑战。这时人们的主要任务变为维持已拥有的地位。

5. 衰退阶段

65岁后，人们的身体与心理机能日渐衰退，处于退休阶段，这时人们需要发展职业之外的社会角色，继续满足自身的需求。

舒伯在自己的五阶段理论中详细叙述了每一阶段人们需要发展的任务，这些任务彼此关联，环环相扣，每一阶段的任务是否完成都会影响后续阶段的职业发展。舒伯在后续的研究中指出，人在生涯发展各阶段中同样存在成长、探索、建立、维持、衰退五个过程。以大学阶段为例，大一新生从入学到毕业，要先经过"成长"和"探索"，在"建立"了合理的生活学习模式后，要对其进行"维持"，在毕业季到来时，原有的模式会"衰退"，大学生也迈入求职工作的新阶段。在新阶段中，他们又要开始从"成长"到"衰退"的循环。

1976年到1979年，舒伯在英国进行了四年的跨文化研究，提出了一个新观念——生活广度、生活空间的生涯发展观。在职业生涯发展阶段理论的基础上，舒伯加入角色理论，将人一生的各个生涯发展阶段与其在生活中扮演的不同角色融合在一起，绘制出一个综合图形，即"生涯彩虹图"。生涯彩虹图理论细腻地表现出生涯发展的时空关系。生涯彩虹图的横向层面象征着人生各阶段的发展脉络，从青春到暮年，每个阶段都有其独特的色彩和大致的界限；彩虹图纵向层面则展现了个体在不同生活空间中的多重角色。舒伯认为，每个人都在生活中扮演着九个主要的角色：从年幼时扮演子女、学生，到后来扮演休闲者、公民、工作者，再到家庭中扮演夫妻、家长、父母，直至晚年扮演退休者。这些角色如同彩虹的色带，各有其独特的长度和色彩，反映出在不同年龄段各种角色在人生中所占的比重。在同一阶段，人们可能同时扮演着多个角色，这些角色相互重叠，相互交织。这些角色之间有时会产生冲突，有时又会相互促进，共同塑造出人们独特的生涯轨迹。

（三）格林豪斯五阶段理论

美国心理学家杰弗里·格林豪斯（Jeffrey Greenhaus）以不同年龄段面临的职业生涯任务为划分依据，将职业生涯划分为五个阶段，即职业准备阶段、进入组织阶段、职业生涯初期、职业生涯中期和职业生涯后期。

1. 职业准备阶段

在0到18岁的这段时光，人们职业生涯的主要任务是逐步培养起自己的职业想象力，并对未来可能从事的职业进行合理的评估与选择。同时，这也是一个接受职业教育，为未来的职业生涯奠定坚实基础的阶段。人们可以将这一阶段视为其步入社会寻找工作之前的全面准备期。在中国，这个年龄段的青少年通常为高中或中专毕业学生，他们不仅要广泛了解社会上的各种职业，还要通过实践和理论相结合的方式，深入体验、评估这些职业，这样，他们才能根据个人兴趣、能力和目标，作出初步的职业选择。为了胜任自己选择的职位，学生需要接受来自学校、培训机构等多方面的教育培养。

2. 进入组织阶段

格林豪斯将人的18岁到25岁看作职业生涯的进入组织阶段，他认为人们在这个阶段的任务是在获取了足够多的信息后选出最合适、最满意的职业。

具体来说，这个阶段就是一个"找工作、找到工作、找到适合工作"的过程。此理论深入探讨了企业与个人关系的另一维度——企业化或组织化，它鼓励人们在职业道路上深入理解并适应他们所选择的企业的独特文化。通过对企业文化的适应，人们可以实现与组织的同步发展，这是与企业构建心理契约、实现职业稳定的关键。对于职场新人来说，频繁跳槽往往源于对组织的短暂不满，这种做法往往忽略了组织对个人成长的重要性。事实上，个人的职业发展在较大程度上依赖组织提供的平台和机会。只有在组织中精耕细作，与之共同发展，人们才能获得最大的锻炼和提升。特别是那些初入职场的人，他们往往需要在一段时间内进行职业体验，以了解自己的职业兴趣和评估各类职业。在这个过程中，他们可能会经历多次的尝试和调整，但重要的是，他们应该学会从中汲取经验，找到真正适合自己的工作和企业。在25岁之前，许多人都在进行职业的探索和尝试，他们可能会多次换工作，但这也是他们了解自我、了解职业、了解企业的过程。

3. 职业生涯初期

25岁到40岁是格林豪斯五阶段理论中的职业生涯初期，他认为人们在这一阶段的任务是提升自己的专业能力，为后续的职业发展打好基础。

人们找到适合自己的职业有助于激发他们的工作热情，更快地取得事业上的成功。因此，找到适合自己发挥才能的工作至关重要，它会给人们带来幸福感和成就感。同时，融入职业、融入企业也是个人做好工作、取得成就感的必要条件。

4. 职业生涯中期

40岁到55岁是格林豪斯五阶段理论中的职业生涯中期，这时人们应该对之前的职业生涯进行复盘，将精力投入选定的职业中努力工作。

许多人在经过一段时间的工作后，在职业生涯中期对自己的工作产生了新的看法，并有了重新选择工作的想法。然而，这一年龄段的人大多数承担着家庭的重任，如果贸然选择转换职业，压力会相当大。

5. 职业生涯后期

55岁到退休为职业生涯后期，在这一年龄段中，人们的身体机能不可避免地下降，这时人们的任务就变成了维持已有的职业地位，制订退休计划。在这一阶段，人们想要在职业上有所突破较为困难，但可以将精力转移到兴趣爱好、家庭生活中，换其他方式以满足内心的需求。

格林豪斯的职业生涯发展阶段理论以工作视角观察人的一生，观点有些单一、片面，但其理论对于人们的职业选择仍有一定的参考价值。

第二章 国内外高校的职业生涯教育

本章为国内外高校的职业生涯教育，分别对我国高校的职业生涯教育、美国高校的职业生涯教育、英国高校的职业生涯教育、日本高校的职业生涯教育作出论述。

第一节 我国高校的职业生涯教育

一、我国高校职业生涯教育的发展历程

（一）萌芽形成阶段

1916年到1937年是我国职业生涯教育的萌芽阶段。1916年，时任清华大学校长的周诒春先生广邀各界学者、专家到清华园做演讲，帮助学生填写工作志愿，并以学生的职业倾向作为他们择业的基础。1919年，中华职业教育社在《教育与职业》第15期中专门介绍了外国关于职业指导的理论与实践经验，并深入研究了符合中国国情的职业指导方法。1923年秋天，中华职业教育社设立指导部，其主要职能是了解各类职业的发展状况，推广职业指导。1927年9月，上海职业指导所成立，1927年12月，南京职业指导所成立，二者通过职业介绍、职业谈话等多种方式开展职业指导工作，效果颇佳。1928年，全国教育会议通过《设立职业指导所及厉行职业指导案》，并将其写入大会宣言，职业指导活动得以在各学校开展。1933年7月，南京国民政府出台《各省市县教育行政机关暨中小学校施行升学及职业指导办法大纲》，内容涵盖各中小学的职业指导工作的主要任务、主要内容、指导对象及指导方法。1934年，受大学生职业同盟运

动的影响，南京国民政府教育部与全国政协经济委员会合作，开展了一系列与职业指导相关的工作。在这一时期，虽然我国的职业生涯教育刚刚起步，但仍出现了黄炎培、庄泽宣等知名学者。这些学者立足中国国情，主张大力开展职业指导工作，并为此出版了相关著作，为我国职业生涯教育的进一步发展打下了良好的基础。我国学者注重职业指导与实际国情的结合，深入研究了职业指导的含义与作用。黄炎培是这一时期具有代表性的学者，他认为职业指导是让无业者有业、有业者乐业的重要举措，对人的全面发展和社会经济的进步有相当大的积极意义。

（二）初步发展阶段

一些研究者认为 1937 年至 1949 年的职业生涯教育指导的发展是停滞的。然而，事实并非如此。1937 年虽处于抗战时期，但南京国民政府在职业指导方面并未完全搁置相关举措，而是对原有策略做出了调整。1940 年，战区学生指导处在重庆成立，在一定程度上为流亡青年提供了栖身之所，也尝试在复学就业的过程中给予引导。同年，南京国民政府社会部设立了职业介绍所，这一部门的成立标志着职业指导工作的进一步推进。抗战胜利前后，南京国民政府社会部在重庆、上海、天津、汉口等地成立了直属的职业介绍所，这些机构在职业指导工作中发挥了一定作用。值得一提的是，这一时期的职业指导理论研究也取得了显著的进步。一系列与职业指导相关的专著相继出版，这些作品不仅系统地构建了职业指导理论体系，还涉及职业指导具体方法，为后来的职业指导实践提供了宝贵的理论支持。

（三）逐步发展阶段

1949 年到 1993 年，我国高校职业生涯教育处于逐步发展阶段。

中华人民共和国成立后，推行计划经济，重视社会生产、消费等方面的宏观调控，为了社会的整体利益，采用了知识青年上山下乡、统一分配工作等方式管理社会。许多人拥有了"铁饭碗"，日常生活与养老都有保障，职业生涯规划的意愿较低。人们在国家分配下拥有了一份稳定的工作，职业生涯规划的作用难以有效发挥。这一阶段是职业生涯教育的逐步发展阶段，职业教育以集体利益为导向，注重社会目标的完成。毫无疑问，这种职业教育是符合当时中国国情的，但长期来看，过于强调集体利益会降低个体的主观能动性，不利于人们的个性化职业发展。

（四）全面发展阶段

1993年，党的十四届三中全会通过《中共中央关于建立社会主义市场经济体制若干问题的决定》，指出建立社会主义市场经济体制的重要性，明确了培育和发展劳动力市场的目标，我国就业管理体制发生变化，推动了职业生涯教育的改变。1993年，中共中央与国务院联合发布了《中国教育改革和发展纲要》，其中明确指出，要打破传统的大学生"统包统分"和"包当干部"的就业模式，转为更为灵活和自主的"双向选择"与"自主择业"机制。为了配合这一转变，文件还提出了要构建完善的大学生就业指导服务体系，该体系应涵盖人才需求信息、就业咨询指导及职业介绍等多个方面。1994年，中国人民共和国劳动部（今为中华人民共和国人力资源和社会保障部）出台了《职业指导办法》，详细规定了职业指导的核心任务、工作原则、内容、形式，以及职业指导人员应具备的资质与职责，为职业指导工作的规范化、专业化奠定了坚实基础。1997年3月，国家教委又发布了《普通高等学校毕业生就业工作暂行规定》，进一步明确了就业工作的职责，并强调了就业指导在其中的重要地位、工作重点、工作形式，为高校毕业生就业工作提供了明确的指导方针。2004年，中共中央、国务院发布《关于进一步加强和改进大学生思想政治教育的意见》，再次强调了大学生思想政治教育的重要性，提出要引导大学生树立正确的就业观念，同时要求进一步健全和完善大学生就业指导机构。2007年，中华人民共和国教育部印发了《大学生职业发展与就业指导课程教学要求》，明确将就业指导课程纳入高校人才培养体系，并将其列为就业工作的"一把手"工程，进一步提升了就业指导课程在高等教育中的地位。而在2010年的《国家中长期教育改革和发展规划纲要（2010—2020年）》中，国家更是提出了建立学生发展指导制度，全方位加强对学生理想信念、心理、学业等多方面的指导，为学生的全面发展提供更为全面和深入的指导。2017年，中华人民共和国教育部颁布《教育部关于推动高校形成就业与招生计划人才培养联动机制的指导意见》，指出健全就业指导课程体系的重要性。2023年，中华人民共和国教育部印发《教育部关于举办首届全国大学生职业规划大赛的通知》，为加强高校生涯教育和就业指导工作提供了政策支持。在相关政策的大力支持下，职业生涯教育得到了积极全面的发展，理论研究逐步深入。

二、目前我国高校职业生涯教育中的问题

我国十分重视高校职业生涯教育，从国务院、教育部等部门发布的一些与就业工作相关的政策和通知等文件中可以发现许多与职业生涯教育相关的内容，但通常给出的都是实施意见，无法对高校形成有效的约束力，进而导致部分高校在实际开展教育活动的过程中存在"完成任务"的心态，缺乏促进职业生涯教育进一步发展的积极性，高校职业生涯教育的实效性难以得到提高。

（一）缺乏科学的职业生涯教育理念

正确的教育理念引领教育的发展，我国部分高校未能树立科学的职业生涯教育理念，难以开展有效的教育教学活动，具体表现如下：第一，对高校职业生涯教育的重要性认识不够，仅仅将其看作一项教育任务，未能从宏观层面把握住高校职业生涯教育对于我国科教兴国、人才强国战略的重要影响，也未能从微观层面发现高校职业生涯教育对于大学生职业生涯规划与发展能力及就业质量的积极作用；第二，对高校职业生涯教育的特点理解不够，一些高校未能形成对职业生涯概念的充分理解，没有认识到职业生涯教育的终身性特点进而形成全程化的教育理念，将教育目光单一地指向了大学生学习生涯的某一阶段，如只在大四阶段为学生提供就业信息发布、求职面试指导等相关的职业准备指导，忽视了职业生涯教育的动态性及学生潜在职业能力与终身职业能力的发展；第三，对高校职业生涯教育的目标理解得不够透彻，部分高校在开展职业生涯教育时过分功利化，只关注毕业生的就业率，所开展的一系列教育教学活动都以实现就业为教育目标，没有引导学生对自我潜力与职业发展进行有力的探索，自然也无法唤醒学生的职业生涯规划意识进而实现其人生价值。

（二）缺乏专门的管理组织机构

高校职业生涯教育需要有专门的组织机构进行统筹管理，但部分高校并没有成立专门的职业生涯教育管理部门，而是由就业指导中心负责开展职业生涯教育

或是将大学生职业生涯教育管理部门挂靠在就业指导中心之下。但就业指导中心的工作主要围绕着学生的就业而展开，无法充分发挥高校职业生涯教育的职能。专门管理机构的缺失必然导致高校职业生涯教育缺少系统性的设计。例如，有的高校在招生就业处下设职业生涯教育科室，科室编制了职业生涯教育课程实施大纲但并没有制定出一个包括职业生涯教育目标、实施方案、评价体系、保障措施等方面的整体教育计划，不利于统一协调教务处、学生处、大学生心理咨询中心等部门共同促进职业生涯教育发展。同时，部分学校缺少甚至没有专业的职业生涯教育指导教师。

（三）师资队伍专业水平待提高

由于我国职业生涯教育的学科设置呈缺失状态，各个高校也没有制定完善的职业准入制度，部分高校职业生涯咨询师队伍多由各院系领导、辅导员组成，尽管这些教师有较强的教学能力和丰富的学生管理工作经验，但在开展职业生涯教育工作时也存在一些不足：第一，他们并不具备职业生涯教育的专业背景，没有系统的职业生涯理论知识结构，难以为学生提供专业性的职业生涯咨询和指导；第二，这些教师在兼任职业生涯教育工作的同时还有很多行政工作事务要处理，很多时候只是机械地完成教学任务，在开展个性化、精细化的教学活动方面投入不足；第三，受部分学校功利化教育理念的影响，加之具有就业指导的丰富经验，教师在教学过程中往往会将工作重点放在学生的就业服务上，忽视学生的职业生涯发展能力。与此同时，一些高校对于职业生涯教育指导教师的专业能力培训并不重视，没有划拨专项科研经费保障全过程、分阶段、多方面的培养培训体系，指导教师无法通过与其他学校专家进行交流或深入企业进行实地调研等方式获取职业生涯理论最新成果、行业发展前沿信息、企事业单位新的人才需求，难以真正提高职业生涯教育水平。

（四）职业生涯课程体系不合理

高校中的职业生涯教育课程是大学生接受职业生涯教育的重要途径，因此高校应该重视课程在价值取向、内容设计、教学安排与方式等方面的突出问题。首先，有的高校由于对职业生涯教育理念的定位不准确，在课程的价值取向上偏离了对大学生终身发展的关注，课程体系未能围绕唤醒大学生的职业生涯规划意识与职业生涯发展能力的培养方向来进行建设。其次，部分高校在职业生涯教育课程的设计上存在内容浅薄、缺少时代性、与专业的相关性不强等问题，即课程教学还停留在职业生涯基本理论介绍、就业形势与政策宣讲等相对浅薄的内容上，没有结合新时代下大学生的需要对新的职业生涯教育内容进行适时的完善和补充，也没有根据学生专业的不同设计有针对性的内容板块。再次，一些高校的课程安排缺少连贯性，多数学校并未在每一学年都开设相应的职业生涯教育课程，仅开设了一两个学期，虽然学时安排达到教育部的教学要求，但缺乏具备全程性的课程体系，无法满足学生在不同阶段的需求。最后，部分高校的课程教学方式以口头讲授、案例分析、小组讨论为主，以加深职业了解为目的的角色扮演、翻转课堂、游戏化活动等创新教学方式的开展力度不够，降低了职业生涯教育的课程效果。

（五）课外实践活动缺乏实效性

职业生涯教育是实践性的教育，但我国高校常常忽视这一重要特征，没有将课程教学与实践活动有机地结合起来。我国部分高校通过举行相关主题讲座、组织职业生涯规划大赛、举办校友经验分享会等形式开展职业生涯教育课外活动，但是引导性不够充分的活动定位难以提高学生对职业生涯规划的关注度，专家与校友在活动中的指导与分享带给大学生的也仅仅是旁观者的思想触动，学生不能直接感受到来自社会需求的强大冲击力，也就难以投入实际行动。除此之外，我国部分高校在实践教学方面缺乏职业体验活动的开展，甚至一些高校没有专业的校外实训基地供学生进行职场体验。有的高校组织了职业体验活动，但也只是对本专业相关的企事业单位进行参观，缺乏职业体验的丰富性与差异性指导，无法引起学生对职业生涯规划的思考并满足其多样化的职业体验需求。有的学校在大三或大四年级设置了实习安排，但是对实习单位、实习成果并没有过多的要求，通常是学生自主寻找单位进行实习，实习结束交回实习报告即可，这就导致部分学生仅仅将其作为完成学分修习的过程，没有对其提起高度重视。

（六）教育服务平台建设不充分

良好的校园氛围对教育发展具有积极的作用，从目前的情况来看，我国部分高校在搭建网络平台、开发测试工具、开展个性化咨询等方面并没有投入充足的人力和财力以推动高校职业生涯教育的创新发展。在互联网的支持下，我国部分高校都建立了相关的网站和微信公众号等服务平台，但服务平台上的页面信息以招聘信息发布、就业政策介绍、就业指导为主，对职业生涯辅导相关内容的宣传力度不够，难以形成浓厚的职业生涯规划氛围进而提高大学生对职业生涯规划的关注度。一些高校提供了与职业生涯有关的一系列线上测试工具，但多是直接引进国外工具，并没有结合我国高校职业生涯教育的实际情况来进行本土化设计。部分高校并未提供专业测试工具，没有积极发挥测试工具的作用，学生对服务平台的实际使用率不高。此外，一些高校也设置了职业生涯咨询室，配备的咨询师团队中大多是有多年学生管理工作经验的辅导员与各院系领导，他们在某种程度上缺乏对不同职业领域的了解。一些大学生没有主动地到学校咨询室进行咨询，高校在职业生涯咨询服务的宣传上还有很大的上升空间。

（七）教育效果评价机制不完善

我国部分高校在开展高校职业生涯教育的过程中忽视了科学、客观的教育效果评价机制的建立。一方面，部分高校对学生职业生涯发展情况的评价形式过于单一，高校教师往往通过结课考试、撰写社会实践报告的方式对学生的课程与实践学习成果进行考核评价，忽视了学生的主体地位及职业观念、职业决策能力、职业生涯规划能力等评价指标，并且在课程结束以后没有对学生的学习成果进行有效的反馈，学生无法了解自身的不足之处与改进方向，导致职业生涯规划流于形式而缺乏有效的执行力。另一方面，部分高校缺少对影响高校职业生涯教育效果的各个要素的评价。针对高校职业生涯教育的实施情况进行评价应包括教育理念与目标是否正确、组织体系是否完善、师资队伍是否实现专业化、课程实践与服务体系的实际成效等。但目前部分高校对职业生涯教育的评价集中在课程评价方面，通过学生评教、同行听课等形式评价课程效果，未能形成科学、系统的高校职业生涯教育评价机制，进而难以根据评价结果找出职业生涯教育的不足之处并提出相应的解决办法，导致高校职业生涯教育的实效性不足。

第二节　美国高校的职业生涯教育

一、美国高校职业生涯教育的内容与方法

（一）美国高校职业生涯教育的内容

美国高校职业生涯教育的内容主要涵盖三大方面：第一，让学生产生对职业生涯的深度认知，通过多样化的教育手段，引导学生深入了解自我，包括个性、价值观、能力和兴趣等多个方面，形成多样化的职业自我认知，并帮助学生洞察职业世界的特征与规律，掌握有效的职业生涯知识；第二，培养学生的生涯规划能力，基于对自我的深刻认知，学生将对职业世界产生更为全面客观的认识，并学会分析各种生涯规划因素，明确个人的职业规划，从而作出明智的职业选择；第三，拓展职业生涯，学生将在接受职业教育过程中实现发掘个人潜能的目的，提高规划、决策、分析和解决问题的能力，同时提升个人综合素质，为未来的职业生涯奠定坚实的基础。

（二）美国高校职业生涯教育的方法

1. 课堂教学法

美国职业生涯教育的基本方法是课堂教学法，就是在教学过程中开设职业生涯教育课程，将学科教学的内容和职业指导的内容结合在一起。教师可结合补充读物实施职业指导，并结合学生的求职意向，为学生推荐和意向职业生活有关的读物。教师在课堂教学的过程中，可以结合音像设备等多媒体技术，为学生提供更为多元化的信息，使学生对想要从事的职业产生更为全面的了解。

2. 实践教育法

美国职业生涯教育中最为直接的指导方法是实践教育法，学校和教师可安排学生参与工厂和商业机构的实习实践，美国政府成立了"社区生涯教育联盟"，这是一个包含了许多企业和公司在内的联合组织。美国的达拉斯城也建立了一个"生涯发展中心"，用于培养学生的职业生涯规划能力。这些组织和机构为学生提供了走入社会获取实践经验的机会，为学校开展教育改革提供了基础条件。

3. 活动教育法

职业调查、职业咨询日、建立个人求职档案都属于和职业生涯教育有关的活动。生涯辅导的形式既可以是团体性质的辅导，也可以是个别咨询。

4. 网络教育法

目前有很多职业生涯教育类型的网站，网站上有海量的学习资料，学生不仅可以在网站上完成职业人格测试，还可以将网络资源充分利用起来，完成对自身职业生涯的评价。美国许多的大学都有对应的职业生涯教育网站。

二、美国高校职业生涯教育的机制

（一）保障机制

第一，法律保障。20世纪，美国为了达到改革职业生涯教育的目的，两次出台针对职业生涯教育的政府法案。第一次出台的法案是1974年美国国会出台的《生计教育法》，美国进入70年代后，各州都开展初等和中等教育中的职业教育改革实验，逐渐形成了一种生计教育运动。主张给学生进行"广泛的职业教育"，既为就业作准备，又为升学作准备。《生计教育法》就是在此背景下出台的。美国第二次出台法案是在1994年，时任美国总统的威廉·杰斐逊·克林顿（William Jefferson Clinton）签署了《从学校到工作机会法案》，希望引导学生完成从校园到职场的过渡，并能够按照自己规划的职业道路发展下去。

第二，机构保障。美国联邦政府在1976年通过了国会立法，并于1987年成立了联邦机构——国家职业信息协调委员会（National Occupational Information Coordinating Committee，NOICC），NOICC的成员有美国教育部、劳工部、商务部、农业部、国防部的9位副部长和署长。这一委员会的职责是制定职业发展和职业教育的相关规范，并发布相关的培训计划信息。NOICC从1989年就开始准备《国家职业发展指导方针》的草案，并在同年发布了指导方针的具体内容。从20世纪80年代开始，NOICC也开始负责职业信息的搜集和整理工作，将搜集起来的信息进行整合，提高信息的质量水平。NOICC制定并发布的信息，能够帮助学生和社会人士获得有关的职业信息，帮助他们作出个人的职业生涯决策。在州和地方政府层级，美国建立了州职业信息协调委员会（State Occupational Information

Coordinating Committee，SOICC），负责修改上级职业信息协调委员会的信息，使其符合美国就业市场的具体情况。美国劳工部中设有劳工统计局这一部门，其主要工作内容为收集不同时期美国就业市场的岗位需求、不同职业对知识和技能的需要，并从历史数据出发，分析经济未来发展趋势对就业市场的影响。在相关部门得出统计结果后，会以网络发布和出版物发行等方式公布统计结果。个人在进行职业生涯规划时，也会参考这一统计结果。美国高校将职业生涯教育作为教育内容之一。美国各级教育部门都另设了专门的职业生涯指导机构。联邦政府设置了指导与人事服务司，下级的各州设有指导与人事服务处，学校内部也设有为大学生提供就业指导和职业生涯规划的指导机构——生涯发展中心。生涯发展中心的部门有：职业介绍办公室、辅导室、证件办公室、资料查询室、临时工作介绍室等。生涯发展中心负责工作内容介绍、择业咨询、见面洽谈会、查阅职业资料等，还能够为学生提供兼职工作。这种完善的职业生涯教育机构设置，内容全面、职责明确、方法多样，能够帮助学生制定出符合个人发展情况的生涯规划。

第三，队伍保障。美国高校职业生涯教育之所以能够获得长足发展，主要的原因是其背后有一支高水平、高素质的队伍作支撑。高校职业生涯教育的师资队伍具有较强的专业性，基本是硕士及以上学历，主修辅导学、心理学、咨询学和高等教育学等相关专业，并持有相关的职业资格证书。高校职业生涯教育的师资队伍也具有较为突出的职业化特征，其职业化发展路径清晰。为了促进师资队伍规模的扩大，通常会采用专兼结合的师资配备方式，不仅按照相应的要求配备了专职的辅导人员，还配备了兼职教师为学生开展就业指导。

（二）运行机制

美国的各个高校都在积极探索职业生涯教育的完善方法，并适时推动职业生涯教育的方法创新，只有职业生涯教育模式和运行机制不断创新，社会发展的需要才能够得到满足。目前，职业生涯教育模式主要有两种：校内运行和校外运行。

校内运行主要是指以学校为中心实施的生涯教育课程，这一模式可分为三个发展阶段：第一是职业了解阶段，这个阶段的主要任务是对职业形成基本的认知，在单元教学活动的帮助下，学生的职业意识和自我意识得以初步形成，并能够扩展对其他职业的认识；第二是职业探索阶段，学生在熟悉了各职业的名称和基本工作内容之后，开始深入了解各职业的特征，熟悉各职业的不同分类，并开始初步的职业实践活动，学校在这一阶段可以带领学生参观劳动现场，并在实际的劳动操作过程中收获经验，深入研究不同职业之间存在的内在本质区别；第三是职业抉择阶段，学生在这一阶段已经积累了一定的职业经验，开始深入探索那些自己真正感兴趣的职业，并在这一领域深耕。

校外运行主要是指校外生计教育课程模式，主要有三种类型：以雇主为基础的模式、以家庭—社区为基础的模式、以农村—住宅区为基础的模式。以雇主为基础的模式是学生在企业、政府部门、私人团体等组织的帮助下进行参观和学习，能够以实地学习的方式深入了解职业的基本情况和未来的发展前景。以家庭—社区为基础的模式是让成年人通过电视、广播学习渠道和个别辅导学习渠道，掌握更丰富、更多维度的知识，从而提升其工作能力。以农村—住宅区为基础的模式是通过培训处于收入低微阶层的家庭成员的方式促进职业发展。

三、美国高校职业生涯教育的案例分析——以克莱蒙特·麦肯纳学院为例

克莱蒙特·麦肯纳学院（Claremont McKenna College，CMC）是克莱蒙特市内的七所学院之一。克莱蒙特·麦肯纳学院的声誉和教学质量是美国大学中顶尖的。

职业服务中心（Career Services Center）是学校内部的职业生涯教育指导中心，克莱蒙特·麦肯纳学院内的学生可以借助职业服务中心获得各种类型的职业生涯资源，比如个性测试题、智力量表和专家的点评和指导等。职业服务中心的教职工主要有五名：主任，负责职业服务中心的相关管理工作；副主任，负责职业服务中心与外部的联系与沟通，为学生提供咨询服务；副主任，负责实习和社区服务，并安排志愿者的日常任务；征募活动协调者，负责校园的征募和预算计划工作；职业服务中心办公室秘书，负责职业服务中心的其他有关事宜。职业服务中心的职工可以从学生个人的兴趣和爱好入手，帮助学生确定未来的发展方向，并为学生提供工作求职的各类资源。

克莱蒙特·麦肯纳学院职业服务中心不仅能够为学生提供就业服务，还可以为已经毕业的学生和雇主提供岗位信息。学生在本校的职业服务中心就可以获得实习和社区服务证明，并获取志愿项目和校园征募的信息等；校友可以免费享受

一部分学校职业中心的服务；职业服务中心还开设了"雇佣关系团体"，负责为学生和雇主牵线搭桥，为雇主提供参与校园活动的机会。职业服务中心还教授学生完善个人简历、面试的技巧，为学生提供进入法学院和医学院实习的机会、就业岗位的信息及社区服务和志愿服务的信息。职业服务中心不仅能够通过网络媒介向学生提供各种类型的指导和帮助，还会在校内举办秋季学期和春季学期两期的征募会、开设研讨会（旨在为预备考研的学生提供信息咨询的服务）或者研究生宣讲会等活动。职业服务中心能够为学生提供有针对性的咨询服务，如果学生有向主任或者副主任反映问题的需要，需要提前预约相应的日程。

四、美国高校职业生涯教育的主要特点

（一）教育队伍专业化

美国高校一直以来都十分重视职业生涯教育的作用。每所高校都设置了职业生涯服务中心，专门为学生提供职业生涯教育，并按照一定的比例进行拨款，并按照1∶200的要求，为学生配备就业指导人员，给予学生充分的人员保障。以加州大学洛杉矶分校职业生涯服务中心（以下简称"中心"）为例，它是全美规模较大的职业生涯教育服务中心之一，工作人员的数量在30人左右，分为4个工作团队，分别负责领导管理服务、生涯教育参与服务、研究生生涯服务和行业关系。这4个工作团队中的主任、高级副主任、副主任和主任助理职位是由其他团队的成员或者领导来担任的，工作职责的划分是合理有序的。而且，中心专职工作人员一般是硕士及以上的学历，受教育程度较高，中心内的大部分工作人员都有资格和经验为学生提供职业生涯规划咨询并开设相应的课程。另外，美国的职业生涯规划咨询行业较为成熟。在美国有相当数量的群体在从事职业规划的相关工作，他们基本上都是在大学任教，可以为学生提供专业化程度较高的职业生涯发展咨询服务。

（二）教育过程全程化

在美国高校职业生涯教育发展的过程中，教育过程全程化的教育理念逐渐进入大众视野。在20世纪50年代，美国研究职业生涯发展理论的学者就提出了职业选择是一个长期的积累过程。基于这一理论，舒伯结合自身的实践，提出了职

业生涯发展阶段理论，他认为在人的一生当中，职业生涯教育起到的作用是非常关键的，不仅能够影响人早期的职业选择，还能够影响人一生的职业发展道路，能够促进学生实现个人的综合素质提升。所以，大学的生涯规划教育也应该从大学阶段脱离出来，将教育的视野拓宽到学生的整个职业生涯。高校应该根据学生的学业阶段与具体专业出发，为学生提供具有针对性的教育指导。美国高校为学生制定了从入学到离校的生涯发展目标和学习任务：在大学一年级，重点开展职业生涯的启蒙教育，使学生了解职业生涯规划，使其学会自我探索；在大学二年级，学生要开始寻找并选择自己的职业生涯发展方向，职业生涯教育能够帮助学生在完成自我探索的基础上实现科学的判断和评估；在大学三年级，职业生涯教育的发展重点是从职业的发展目标出发，引导学生参加各种类型的就业讲座和实习实践，提升学生的专业竞争力；在大学四年级，让学生在社会实践中建立起全面的人际关系，促进大学学业生涯目标的实现。

（三）教育内容系统化

从具体的教育内容来看，美国高校职业生涯中心为学生提供的职业生涯指导服务主要包括三种类型，即教育性服务、咨询性服务、联络中介性服务，从而构建起一个系统化的教育内容体系。教育性服务主要包括两类内容：升学类指导和求职类指导，主要是借助课堂教学、工作教学和讲座教学等教学形式达成对学生的教学目标；咨询性服务是对教育性服务的发展和延伸，主要是通过为学生提供职业生涯规划测评和职业生涯规划咨询服务实现对学生的"一对一"的个性化咨询服务；联络中介性服务主要是为学生提供各种类型的求职资源，在内部平台上发布实习和招聘的相关信息，为学生提供社会资源。这一服务是高校职业生涯教育中不可或缺的内容，能够为学生搭建起和社会沟通的桥梁。

（四）教育模式个性化

美国高校职业生涯教育除了具备全程化和全员化的教育特点，还十分注重个性化的教育指导。这一特点主要表现为：第一，针对不同学习层次学生的学习特点，制定有针对性的职业生涯发展辅导方案。例如，加州大学洛杉矶分校的职业生涯服务中心每年都会制作并发放面向不同水平学生的职业规划发展指南。比如，职业生涯服务中心从博士研究生的具体特点出发，为博士提供了寻找学术研究类工作的方法，包括怎样准备学术研究类工作的求职材料和面试流程等。另外还有一部分的博士研究生在毕业之后不愿意从事学术研究的工作，指南中提到了这部分学生在未来求职过程中的大致流程，并搭建了相关的职业技能工作坊促进他们在专业竞争力上的提升。第二，从不同学生的行业和领域出发，分类为学生提供指导。学校职业生涯发展服务中心的教师除了要具备基本的教学技能和职业生涯教育知识，还要具备较强的专业指导能力，比如需要具有计算机互联网、新闻传媒等行业的知识背景，或者熟悉申请研究生和申请海外工作机会的流程。学生在学习的过程中，可以从自身的职业生涯发展目标入手，寻求不同职业背景的教师的指导。另外，职业生涯服务中心还收集了不同行业领域中最具竞争力的求职信和简历模板，并整理专业领域用词供学生学习和参考。

（五）教育共同体生态化

美国高校职业生涯教育的基本特征是形成一个合作共赢的教育共同体，并努力从社会多方力量中吸收经验，促进这一教育共同体的发展。职业生涯服务中心致力于构建一个"五位一体"的职业生涯教育合作生态系统，包括学校、师生、校友、雇主、家长五个主体。职业生涯服务中心内部设有专门的公共关系部门，负责和相关的专业组织、行业协会、政府、企业建立良好的合作关系，从而使学生有机会获得更多的志愿服务实践机会。另外，许多美国高校之间存在信息共享的关系，如哈佛大学、耶鲁大学、麻省理工学院等世界知名高校共同建立了招聘信息发布平台，企业和公司可在网站上发布求职信息供学生浏览。另外，美国高校十分重视本校校友提供的生涯指导作用，很多高校都开设了在校生和毕业校友的社交网络平台，并结合校友资源帮助学生拓展人脉关系，为在校学生提供更多的就业机会。

五、美国高校职业生涯教育经验的启示

从 20 世纪 90 年代开始，我国高校职业生涯教育获得了一些成就。但因为起步的时间较晚，还有许多有待提高和改善的地方，可以借鉴发达国家的职业生涯教育经验。

(一)树立生涯教育理念

改革开放以来,我国经济体制得到了深入的发展,社会主义市场经济体制也在不断完善,高校毕业生的工作分配也从过去的"包分配",发展为了"双向选择、自主择业"的模式。但是在制度转型的过程中,出现了"路径依赖"的问题,高校学生的职业生涯教育依然停留在就业指导阶段,或者是从国外的职业生涯规划制度中照搬经验,造成了"水土不服"的问题。

所以,我国高校要从职业生涯发展的理念中汲取经验,从过去的一次性就业指导转变为全程性的生涯教育指导,并设置一套包括职业兴趣测评、职业能力培养、生涯规划设计和就业能力培养在内的完整职业生涯教育内容体系。高校应该以职业生涯发展理论为根本指导,结合学生个人的成长特点开展生涯教育。同时,生涯教育的内容可以分为两个部分:学业生涯规划教育和职业生涯规划教育。学业生涯规划是引导学生发现自己的学习兴趣,以及明确未来想要从事何种工作,从而对学生的学业进行统一的安排,实现兴趣爱好与个人发展的统一,提升学生的职业竞争能力。职业生涯规划是引导学生以高效的方式对自己的职业进行规划。学业生涯规划是实施职业生涯规划的基础条件,职业生涯规划是学生生涯规划的最终目标。在生涯教育的指导下,学生可以结合自身的性格和基础条件,运用职业生涯的相关理论完成个人学业和未来发展的相关目标,从而提升就业技能和综合素质。

(二)打造专业化师资队伍

如果从美国高校职业生涯教育的发展历史这一宏观角度出发,我们可以发现在美国高校职业生涯教育的专业发展进程中,师资队伍起到的作用是无可替代的。对于高校职业生涯服务中心来说,其基本的职能是为学生提供职业生涯规划的指导和咨询,而指导教师的基本技能是具备生涯规划指导能力。相较而言,我国的高校就业指导教师队伍专业化水平仍有待提高。具体需要提升的主要方面有:一是指导教师的数量不能满足实际的教学需要,一些高校就业指导人员和学生人数的比例不满足教育部门提出的1∶500要求。二是师资结构存在优化的空间,专职的就业指导人员数量不足,高校安排辅导员兼职担任就业指导,往往会出现专业背景不匹配的情况,教师所掌握的专业技能难以满足教学的需要。

所以，在我国高校职业生涯教育发展的历程中，要构建一支高水平教师队伍，推动高校的职业生涯教育队伍走向专业化发展的道路。一方面，高校要按照教育部的要求调整指导人员和学生的数量比，保证师资后备力量的充足，同时要确保指导人员结构的多样化，聘请相关的人力资源部门负责人担任就业指导，为学生提供职业生涯教学和咨询的服务。另外，要强化对就业指导教师专业化能力的培养。优秀的就业指导教师不仅要掌握管理学的相关理论知识和职业规划的基本要求，还应该掌握就业市场上的人才供求关系。所以，第一，要通过组织教师参与培训等方式提升教师的理论素养；第二，要结合各种政策条件引导就业指导人员参与到职业规划的过程中来，以第三方认证的角度实现队伍专业化水平的提升。

（三）实施精准化指导

因为一些高校就业指导教师队伍的综合水平不高，所以其就业指导呈现出粗放、笼统的特点。从具体的指导方式来看，部分高校采用班级形式的教学指导，不能精准覆盖所有专业的学生，"一对一"的生涯规划指导只存在于个别高校中。从就业指导的整个过程来看，部分学生都仅在毕业阶段接受了生涯规划指导，没有实现全程化的职业生涯教育。随着我国高等教育内涵式建设的不断推进，大学生的主体意识也得到了进一步的强化，高校就业指导需要从过去的粗放式指导转变为精准化指导。

首先，明确就业指导的层级。对于不同学历层次的学生来说，高校应给予不同类型的职业生涯指导。比如，对于博士毕业生来说，应该为他们提供更具有学术性的指导，为他们提供更具学术性的岗位；对于本科层次的学生来说，应该注重为学生提供多样化的求职技能。同时，还应该结合学生的求职意向进行细分，开展具有针对性的指导。比如，对于想要参加事业单位考试的学生来说，高校可以在学校内组织模拟面试，帮助学生适应面试环节；而对于准备考研的学生，学校可以结合不同专业的特点，为学生安排专业的导师，帮助学生了解考研的过程。

其次，从全过程开展职业生涯教育。从职业生涯教育的根本理念出发，高校的就业指导不仅是学生毕业前一段时间内的重点工作，还必须贯穿学生学习生涯的全过程，甚至要延伸到学生的第一份工作中。高校在面对不同年级的学生时，要开设有针对性的职业生涯教育课程。从内容的偏向来看，低年级的学生应该接受职业生涯规划教育课程，因为这能帮助他们形成一定的职业生涯规划意识，帮助学生对自身的个性和专业产生更为全面的了解，并开始设计职业生涯的规划蓝图；高年级学生应该接受的重点课程内容是职业岗位认知、社会实践等；对于临近毕业的学生来说，高校应该为他们提供学习求职技能的机会，比如帮助他们制作简历、模拟面试。对于那些已经毕业的学生，高校要建立起毕业生就业状况跟踪调查机制，分析毕业生的职业发展速度和用人单位的满意度，通过对校企双方进行调研，高校可从中获取有效的信息，并为后续的学校就业指导服务、专业设置和教育教学改进提供建议和意见。

最后，丰富就业指导服务的方式。在优化传统就业指导课程教学的基础上，要结合美国高校的职业生涯教育模式，加强高校对职业能力测评和咨询服务体系的建设力度，尤其是将研究的重点放在构建集教育、管理、服务和研究于一体的多元化就业指导体系上。

（四）合作建立教育共同体

高校是职业生涯教育的实施主体之一，但职业生涯教育的过程不能仅依靠高校完成，各个社会主体都应该参与到实施的过程之中。高校应该秉持开放合作的心态，和政府、企业和社会进行良好的合作，让更多主体进入学校教育的体系中，构建一个"五位一体"的职业生涯教育生态系统。第一，促进就业指导和专业教育的融合发展。目前我国部分高校存在的一个问题是：专业教学和就业指导相分离。对此，高校应该以学生为中心，促进教育教学改革的实施，并及时调整学科的结构，使其符合经济社会发展的需求，强化创新创业教育的改革力度，使专业教学和就业指导结合在一起，提高学生的就业竞争力。第二，加大校企合作的力度，为大学生的实习和就业提供机会，同时，应该加强和其他用人主体的沟通，了解行业内部的实际需求，调整人才培养的模式，为社会和企业培养更多的复合型人才。第三，和已毕业校友之间保持畅通的联系，与社会上其他的用人单位相比，校友会对本校学生的认同感更高。学校应和校友会定期联系，让毕业生获得更多的实习就业机会。第四，建立一个校外的导师制度，从社会上聘请资深的成功人士担任导师，为学生提供职业生涯规划方面的具体指导。

第三节 英国高校的职业生涯教育

一、英国高校职业生涯教育的发展历程

从19世纪末到20世纪80年代,英国高校职业生涯教育逐渐从职业指导阶段向专业化阶段发展,而专业化阶段也是其发展的黄金时期。20世纪80年代以来,科技时代的到来和知识经济的发展对职业生涯教育产生了一定影响,职业生涯教育的理念和涵盖的主要内容更富有时代特征。换句话说,英国高校职业生涯教育为了跟上时代的步伐,一直积极地进行调整和完善,所以从20世纪80年代至今,英国高校职业生涯教育进入改革和完善时期。

(一)萌芽阶段

19世纪末到20世纪50年代为英国高校职业生涯教育的萌芽阶段。

19世纪末,工业革命的开展促进了英国工业的迅速发展,大量工厂出现,分工越来越细,职业种类迅速增加。为了合理安排劳动力,解决人力资源问题,1908年,爱丁堡成立了英国首个职业介绍所,这标志着职业指导在英国发展的开端。1909年,英国政府颁布了世界上第一部关于职业指导的正式法律,即《劳动力交换法》,决定在全国设立由政府出资的青年职业介绍所,同时成立青年职业顾问委员会。1910年,英国颁布了《教育选择法》,规定每个地区都必须设立相关就业部门,不仅为青年提供相关服务,还为雇主提供所需劳动者的信息。而后,英国劳工部成立青年就业服务处,并在中央设立专门负责和管理全国范围青年就业指导工作的部门。各项法案的颁布为英国青年的校外职业指导的发展提供了一定的保障,此后,英国职业指导形成了中央到地方政府自上而下的职业指导体系。

而在这一时期,英国高校也出现了校内的职业指导。1884年,剑桥大学成立了由该大学教授、讲师和毕业生组成的"学者联合会"(scholastic agency),在毕业生和中小学之间"牵线搭桥",帮助毕业生获得教职,这也开启了英国大学向毕业生提供职涯指导的先河。剑桥大学开先河的创举受到英国其他大学的纷纷效仿,牛津大学在这之后组建了大学任命委员会,主要职责为了解本校毕业生流向,后来还将其职能扩展到了工业领域,加深高校与工业领域的联系。到20世纪50

年代中期，几乎所有高校都成立了类似机构，为毕业生提供相关职业指导服务，但早期牛津大学的任命委员会职能较单一，主要发挥搜集就业信息及联系用人单位的桥梁作用。

综上，20世纪50年代以前的英国出现了以就业为导向的校外青年职业指导，主要负责为毕业生提供一些关于就业的信息和咨询服务，包括向待业和失业青年提供一定的福利补助等，同时也出现了校内职业指导的雏形，但是校内的职业指导大部分是学校自行发起的、缺乏系统性的活动。总之，这一时期英国的职业指导职能单一，职业指导并没有走向专业化。

（二）发展阶段

20世纪50—70年代为英国高校职业生涯教育的发展阶段。

"二战"后的英国满目疮痍，百废待兴、百业待举，人们开始质疑传统知识本位的、追求纯粹学术与真理的高等教育观。虽然当时英国教育界的专家学者和商界的有识之士呼吁高等教育应具有职业性，这样有利于国家经济的复苏，但受到英国"绅士文化"的束缚，职业指导和英国高等教育的融合发展仍然步履维艰。

而后，凯恩斯主义兴起，英国政府开始提倡国家干预教育，逐渐认识到对高校毕业生进行职业指导的重要性，英国高校的办学理念开始发生巨大变化。20世纪50年代以后，舒伯、金兹伯格等人的生涯理论传入英国。引发学界关注，由此社会性的生涯指导服务也逐渐向生涯教育转变。

1973年，英国颁布《就业和训练法》，规定让所有年轻人接受职业指导是国务卿的法定职责，各地的教育局应该为学生提供生涯服务，地方教育局还应和当地学校开展合作，为学生的就业提供大力支持。同时，青年就业服务也更名为生涯服务，生涯教育的从业人员队伍走向专业化。

这一时期英国高校阶段的职业生涯教育呈现如下特点：一是职业指导开始向生涯教育过渡；二是随着政府的干预和重视，职业生涯教育在高校内得到普及和发展；三是职业生涯教育的早期从业者开始走向专业化。

（三）改革阶段

20世纪80年代至今为英国高校职业生涯教育的改革阶段。

虽然英国高校的职业生涯教育发展历程有百年之久，但在20世纪80年代以前，它一直没有受到真正的重视。直到 1987 年，英国政府发起"高等教育创业"计划，主张将职业生涯教育纳入高校教学大纲，开设相关创新创业课程等，开始重视高等教育在高校职业生涯教育上的主体地位。该计划促进了高等教育与职业生涯教育的有效融合，职业生涯教育逐渐受到英国高等教育领域的重视。

1995 年，"英格兰高等教育拨款委员会"修改了对于大学教学质量的评估标准，提出"学生支持和职涯指导"作为 6 条评估标准之一。20 世纪 90 年代，英国"教育与就业部"拨款资助了八所高校的职涯教育课程，以培养大学生的职业管理技能职涯教育开始以多样化的形式渗透到英国高校的课程体系。

2003 年，英国政府发表《高等教育的未来》的白皮书，指出高校的课程设置与企业主的需要紧密联系。2005 年，英国"毕业生职业咨询服务协会"（the Association of Graduate Careers Advisory Services）发布了《职涯教育基准声明》(CareerEducation Benchmark Statement)，为高校开发与评议职涯教育课程提出了明确的要求。

2010 年，英国教育部发表《加强职涯教育专业》(Towardsastrong careers profession)，指出为建立一个更公正与平等的民主社会，英国必须建设高质量的职涯教育，保障不同能力、兴趣与背景的学生都能从中受益，最大程度地发挥聪明才智，实现人才的合理阶层流动，为社会做出积极贡献。

之后，英国不断调整政策，推动职业生涯教育发展。2017 年 12 月 4 日，英国教育部发布《职业生涯战略：充分发挥每个人的技能和才华》。2018 年 1 月和 5 月英国教育部连续更新《为教育和培训提供者提供职业指导和机会——董事会、学校领导及教职员的法定指导》和《学院生涯指南：指导继续教育学院和第六级学院如何提供独立生涯指导》两份指导性文件。

二、英国高校职业生涯教育的组织机构

（一）职业生涯服务专职部门

针对学生对职业生涯教育的高需求，为了更好地服务学生，部分英国高校成立了负责实施职业生涯教育的专职部门。职业生涯服务专职部门主要负责为学生提供职业生涯咨询、畅通就业信息传播渠道等，起到学生与用人单位之间的桥梁

和纽带的作用，职业生涯服务专职部门在帮助学生把方向、做决策，提高高校职业生涯教育效率等方面发挥了不可小觑的作用。

英国的169多所大学和学院中约130所都设有职业生涯服务中心，职业生涯服务中心也可以称为学生就业中心。其中职业生涯咨询是高校职业生涯教育专职部门最常见的职能，是英国高校职业生涯服务的基石，对大学生的就业指导有着直接影响。英国高校的职业生涯服务中心咨询服务不仅面向所有毕业生，还对高校教职工以及所有在校生开放，覆盖面广，服务内容多元。

英国的大学生一般可以通过登录本校个人账户、发送电子邮件、拨打职业生涯服务中心的热线电话等方式进行职业咨询的预约。咨询主要分为线上咨询和线下咨询两种，不同高校提供的咨询渠道略有所不同。比如布里斯托大学的职业生涯服务中心提供在线的职业生涯服务实时咨询，在正常上班时间进行的在线咨询都会得到实时反馈。剑桥大学提供的咨询服务分为10分钟快速咨询、20~30分钟短时间咨询、40分钟长时间咨询、校友咨询等。比较有特色的职业生涯咨询服务是利物浦大学创建的虚拟职业生涯工作室，该工作室也是英国首个点对点的虚拟职业生涯咨询工作室。学生在工作日上班期间随时可以通过网络进入该工作室平台，以进行"一对一"的视频咨询。利物浦大学虚拟职业生涯工作室的创建是对高校就业服务方式的创新。

对于部门工作人员非工作日不在线的情况，部分英国高校也给出了相应的对策。比如，谢菲尔德大学的职业生涯服务中心除了可以预约在线咨询，还在官网上将常见的职业生涯问题进行了整理归类，学生直接点击相应链接便可以快速获得关于问题的回复。这种方法不需要工作人员实时在线，将常见问题归类在一定程度上提高了咨询效率。总而言之，英国高校职业生涯专职部门既是大学生顺利就业的铺路石，又是高校和用人单位合作的窗口，用人单位通过职业生涯教育专职部门的牵线搭桥，在符合相关规定的基础上在校内积极开展企业招聘会、宣传企业形象，在招贤纳士的同时提高了企业品牌的影响力。

（二）职业生涯教育服务机构

在英国政府的推动和支持下，英国建立了许多职业生涯服务机构，也成立了不少相关组织。其中有政府负责的，也有企业主导的；职业生涯服务机构大多属于营利性质，而相关社会组织多数是非营利性质的，类型多样，服务范围覆盖了整个英国。这些机构和组织在帮助高校和社会连接方面起到了桥梁和纽带的作用，在毕业生职业生涯教育体系中发挥了不可或缺的作用。

例如，威尔士政府、苏格兰政府和北爱尔兰政府都成立了由各自负责的职业生涯服务处，服务范围覆盖当地所有居民，当然也包括当地的高校学生。人们在当地的职业生涯服务处的帮助下规划自己的职业生涯，按需申请职业培训或者寻找合适的工作。在英国政府的支持下，英国就业与技能委员会（UK Commission for Employment and Skills，UKCES）于2008年4月成立。就业与技能委员会旨在通过和就业相关的调研报告为英国的就业问题提供参考，在其发布的文件《就业力挑战》中总结归纳了英国200多个组织在发展就业技能方面所做的工作。文件中提到，每一所大学都应该把可雇佣性的培养视为学校培养方案核心的一部分。2012年英国政府启动了国家职业服务中心为13岁以上的英格兰居民免费提供专业的职业生涯咨询的政策，为有需要的人提供力所能及的帮助和支持。

非营利性组织共同参与英国高校职业生涯教育也是英国职业生涯教育的一大特色。成立于1967年的英国大学毕业生职业咨询服务协会（简称AGCAS）是英国高等教育职业指导的非营利性专业组织。该组织主要为会员提供职业指导服务，促进会员之间的交流合作。该组织还会定期对自己的工作进行评估汇总，旨在提升服务质量，推进工作的专业化。2002年，该组织特别推出了高等教育职业服务标准指南，为会员评价和总结自身的工作质量提供了依据。

1972年成立的高等教育就业服务单位也是针对高校毕业生就业的非营利性机构，该机构支持职业生涯教师和雇主之间的合作，为大学就业服务部门提供所需就业信息，推进毕业生职业生涯教育工作的实施。海洛亚（HELOA）是一家面向高等教育的慈善协会，坚持认为高等教育必须支持来自不同背景的学生获得正确的教育和清晰的职业规划，目前拥有来自超过145所英国大学和高等教育机构的约1600名成员。目标工作（Target Jobs）公司是针对英国就业服务而创立的，对高校生就业很有帮助。该公司在网页上详尽地说明了招聘岗位所需要的经验和技能，客观分析职业的优缺点供应聘者了解岗位需求，并且可以按条件进行岗位筛选，可以有效为学生匹配心仪的工作。

三、英国高校职业生涯教育的课程体系

就业能力的培养应该和课程相结合,否则就是不完整的。当前,课程作为教学的主渠道,仍然是英国高校实施职业生涯教育的重要途径,而就业能力是职业生涯教育中的核心部分,职业生涯教育课程与就业能力培养的融合发展得到了英国高校的重视。

(一)独立课程

独立课程是指高校以单独的、专门的课程形式实施职业生涯教育,课程内容与学生专业课程没有直接联系,可以归属于通识教育范畴。英国雷丁大学开设的"职业智能"和著名的"毕业生去向"课程就属于独立的职业生涯教育课程,这两门课程以网络视频的形式进行,课程内容涵盖了职业知识、职业生涯规划、就业技能培养等通识知识。

单独开设的网络职业生涯课程时间自由,学生可以根据自己的实际情况灵活选择学习相关职业知识的时间,为之后顺利求职奠定基础。

此外,雷丁大学还开发了线下和线上结合的职业管理技能课程,并将其作为学生学位课程的一部分。该课程总共三个模块,一是"发现你自己",主要协助学生提高自我认知能力,以及让学生进行自我评估;二是"找到适合的",这一步主要是在帮助学生对自我有一定了解的基础上,激活学生的职业意识,再通过劳动力市场调查等形式帮助学生了解市场,作出最适合自己的职业决策;三是"高效地应聘",这是学生成功就业的最后一步,也是关键的一步。在这一模块,课程主要帮助学生深入了解雇主招聘的要求,剖析雇主选人的方式,帮助学生对照自身,从而补短板、强弱项。

除了线上课程,英国高校还开发了单独的线下课程。以爱丁堡大学的"可持续发展案例研究课程"为例,该课程主要通过线下上课的形式开展,课程内容围绕社会可持续发展的相关问题,如能源节约、废物利用等,通过写简报等方式让学生思考或提出相关的问题,以此培养学生的实践技能,最终达到提高学生就业能力的目的。学生可以选择自己感兴趣的可持续发展主题进行深入研究,大部分的主题都和学生未来可能从事的职业挂钩。

（二）嵌入课程

嵌入课程一般是将企业知识嵌入学生所学专业课程当中，即以职业生涯教育和专业课知识相互渗透、交融的授课方式进行。英国高校合作的大部分企业会参与课程设计，英国电信、联合利华、埃森哲管理咨询公司等会派经验丰富的高级职员为学生授课或加入培训辅导，部分课程的开设还需要获得企业的认可。

伯明翰大学的杰森·希尔顿（Jason Hilton）博士领导地质学本科生进行化石森林保护工程的模拟招标，学生利用学科知识参与竞选，签订模拟合同。伯明翰大学和一些顶尖公司合作，如捷豹路虎公司、美国微软公司等，这些公司提供与专业课相关的真实商业项目供教学使用。华威大学开设的国际商务课也在教学过程中引入花旗银行、劳斯莱斯、联合利华等企业的例子，深化知识的实际运用，华威大学还在该类课程的基础上提供相关选修课，帮助学生进一步拓展专业知识，提升应用技能。嵌入课程能够引导学生利用专业学科知识帮助企业解决实际问题，在解决问题的过程中与学生的个人职业生涯规划相联系，有利于提高学生的领导力和项目运营能力。

高校合作企业是学生潜在雇主所在企业，雇主参与课程设计既能使课程内容保持与市场的一致性，又能培养满足雇主需求的劳动力，这将大大提升毕业生的就业能力和可雇用性。值得一提的是，英国高校的合作公司也会尽量为学校提供便利，如伯明翰大学合作的公司会给予该校学生公司内部网站的访问权限。

（三）创业课程

创业能力也是英国高校职业生涯教育十分重视的能力，加上英国受到欧洲其他国家"企业家精神"政策的影响，英国高校愈发注重对大学生创业精神的培养。自1987年英国政府提出并实施"高等教育创业"计划以来，已形成了相对完善的创业教育体系。

英国高校的创业型课程包括理论型课程和实践型课程，理论型课程主要以学科课程的形式开展，如牛津大学赛德商学院的工商管理硕士课程，就是创业型课程的典范。赛德商学院的创业型课程分为必修课和选修课，必修课教授学生创业的基本理论知识，选修课程由学生根据自己的兴趣和需要自行选择。英国的兰卡斯特大学针对本科三年级的学生推出了名为"企业家与创业"的公共选修课，将学生创新创业能力的培养融入课程当中。

实践型创业课程主要以让学生获得创业经验为目的，如开展创业计划大赛、组建创业俱乐部等。隶属于华威大学科技园的密涅瓦商业天使网络联合企业对大学生的创业计划进行投资，获得其认可的创业计划可以获得相应的资金支持。谢菲尔德哈勒姆大学为了帮助来自欧洲以外的国家的留学生在英国创业，开设了"一级英国毕业生创业计划"，新毕业除欧盟地区以外国家的留学生都可以提交商业计划书，若计划书得到批准，学校会帮学生申请额外12个月的签证。剑桥大学在米迦勒节和复活节期间的每周二晚上都会举办"企业星期二（Enterprise Tuesday）"讲座，学校邀请各行业的先驱人物与学生进行会谈和小组讨论。专家讲座是对专业课程的重要补充，有利于学生学习课堂之外的创新创业知识，发掘自身创业潜力。

英国高校为保障创业教育课程的有效性，主动为学生提供创业教育的环境保障，例如提供模拟公司场地、模拟办公室等配套设施。此外，英国大学开设了针对社会人士的创业型课程。这类课程主要分为全日制和非全日制两种模式，其中非全日制学习模式更偏向于职业培训，课程学习者在关注自己事业的同时，接受创业教育。

英国高校创业型课程的设置有利于学生培养创业素养。在英国年轻人当中，有约三成的年轻人因为接受了良好的创新创业教育而萌生了创业想法，其中有部分年轻人已经付诸行动，还有超过半数的在校大学生期待自己未来能成为商界翘楚。

四、英国高校职业生涯教育的网络平台

科学技术的快速发展推动了网络的覆盖，推动了职业生涯教育的改革和发展，众多职业生涯教育的在线资源为英国高校提供了较大的便利。早在20世纪80年代，英国就意识到了网络的力量，一直致力于网络资源建设，利用网络资源为职业生涯教育的发展开辟道路。

（一）开放式职业生涯服务网站

英国政府为了促进大学生及时、顺利就业，加强了对大学职业生涯教育相关工作的统筹，建立了覆盖全英大学毕业生的就业信息网。相关信息网的建立有利

于搜集、整合以及系统发布相关信息，畅通信息流通渠道，提高学生就业效率。例如，早在1987年，英国就创建了"全国科技专用数据库"，该数据库包含高校、政府、科研机构和部分工业研究协会等，可以查阅相关人员的简历、成就、科研课题等信息。

针对毕业生最需要的求职招聘信息，英国政府也创建了不少网站。很多英国毕业生都应用了网站提供的职业生涯指导系统，因为系统内不仅包括职业信息的数据库，还包括学校课程数据库、雇主数据库，在学生和职业生涯工作人员中具有良好的口碑。在新媒体时代，英国高校还会利用学校公众号、学校推特等新媒体方式为企业做推广，在加强招聘信息宣传的同时提高品牌知名度和影响力。

（二）职业生涯教育在线培训网站

随着信息时代的到来，现代信息技术手段也被应用到职业生涯教育的实施当中。英国政府利用网络开发了在线的职业生涯技能培训，建立了自助式职业生涯服务的学习平台。例如，由英国政府牵头创立的连结组织（Connexions）会提供职业生涯教育的相关课程培训以及职业生涯技能评估等。

"学习引领"（Learndirect）是英国最大的课程培训提供商之一，提供1000多门专业的在线课程，且这些课程都获得了有关雇主的认证和认可，人们可以按照"专业对接产业、课程对接岗位"原则，自主选择需要的课程和培训。"学习引领"成立于2000年，在网络刚刚兴起之时提供在线学习可谓开创了网络学习方式的先河。

通过网络在线学习的学习时间具有弹性，对于在找工作的同时还要兼顾学业的高校毕业生来说，是帮助他们灵活提高自身职业竞争力的新方式，尤其在新冠肺炎疫情期间，网络给缓解就业矛盾打开了一个新窗口，发挥了一定的价值。

五、英国高校职业生涯教育经验的启示

在学生进入社会之前，需要在高校接受一定的职业生涯教育。职业生涯教育的课程内容能够让学生更好地过渡到社会阶段。虽然我国的职业生涯教育在最近十几年的发展历程中取得了一定成果，但是在具体的工作中也存在一部分尚未解决的问题，对此，我们可以从以下几个方面借鉴英国的职业生涯教育发展经验。

(一)校企全面合作

英国高校和企业的合作是全方位的,在多个领域实现了资源的共享,比如高校能够帮助学生向企业争取就业机会,介绍学生进入企业,使学生获取职业经验和职场体验等。企业也能够利用高校提供的学术资源和研发资源促进自身的发展和壮大,实现良性循环、良性发展的目的。英国高校的职业生涯教育发展经验对我国职业生涯教育的发展具有较大的借鉴意义。

首先,鼓励职业生涯机构的专业化发展。虽然我国也有类似的辅导机构或者辅导班,但是这些机构的指导效果尚有待提高,而且这些机构的指导费用十分昂贵,普通的学生难以承担。我国部分高校成立了就业服务中心,但是一些就业服务中心为学生提供的服务往往缺少系统的规划指导。其次,拉近学校和雇主的关系,让雇主积极参与到学校举办的各项活动中去,如招聘会、演讲和赞助学校的活动等,和企业雇主的密切接触不仅能够让学生感受到企业为员工提供的优厚待遇,又能够让学生深刻了解企业的企业文化。最后,学校提供的资源也能够反哺企业。我国不同地区的高校各具特色,优势专业也各不相同,高校可利用自身的优势资源为企业提供一定的资源便利,这也是吸引企业与高校进行合作的一种方法。

(二)重视职业生涯课程建设

英国高校职业生涯课程影响着学生学习生涯的整个过程,能够让学生从一开始就确立职业意识,并且在大学的整个学习阶段都不断完善自己的职业规划,随时调整,灵活性较强。

目前,我国部分高校的职业生涯教育课程设置缺乏连贯性,比如一些高校的职业生涯教育课程在大一和大二学年开设,学生对学习的理解还不够透彻,而且在大一大二掌握的知识到了大三大四已经不能够满足学生找工作的需求,学生掌握的职业生涯知识有可能落后于社会发展的实际需要。而且,大一和大二的学生并未完全适应高校生活,就业不是他们首先要考虑的事情,他们在日常生活中也不会主动寻找就业的信息,但是到了大三大四阶段,他们开始关心就业,并且在面临就业问题时会感受到一定的压力,甚至部分学生认为自己还没有做好进入社会的准备,一时之间难以适应。

职业生涯课程应该贯穿学生的整个大学生活，对于不同年级的学生来说，应该安排不同类型的内容和教学方法。对于大一的学生来说，教师应该帮助他们探索职业兴趣，并开设不同类型的选修课，拓宽学生的眼界。只有学生了解了不同专业领域的知识，才能够知道自己真正喜欢的是什么，从而产生学习知识的动力；对于大二和大三的学生来说，他们不仅要了解更多的职业知识，还应该加强对专业知识的学习，过硬的专业知识能够为学生的职业生涯发展奠定坚实的基础；对于大四的学生来说，他们就应该开始关注就业市场的信息了，并以市场对人才的需要为导向，为毕业后的就业做准备。

另外，教师在实际的教学过程中也要向学生灌输职业规划的知识，培养学生形成职业规划意识，教师也可以凭借学生个人的职业生涯规划对学生的职业发展和学习情况产生全面的了解。职业生涯规划的内容主要包括进行自我评估、就业机会意识、确定目标和行动计划以及实现技能转化，学生在课程学习结束之后可以对所学的内容进行梳理和分析，及时总结和反思，完成一份职业生涯规划协议。

（三）职业生涯教师专业性培训

在英国高校内，教授职业生涯课程的教师一般都是专职教师，综合素质和学历层次较高。我国部分高校虽开设了职业生涯服务中心，但是教师一般由辅导员或者行政人员担任。2013年，中共教育部党组印发了《普通高等学校辅导员培训规划（2013—2017年）》，提出"提高辅导员指导学生进行职业生涯规划的能力"[1]，这一文件的提出虽然可以提升职业生涯教育师资的质量水平，但并不会使教师的专业性问题得到根本上的解决。而且兼职的职业生涯教师更换较为频繁，学生在不同教师的辅导下会对自己的职业规划产生不一样的看法。专业性较强的职业生涯教育教师除了要具有一定的学科背景和学术背景，还需要具备在企业工作的实践经验，以及对就业政策的分析能力和为学生答疑解惑的能力。除了要对职业生涯教师提出严格要求，还要做好对教师的指导和培训工作，提升师资的专业化程

---

[1] 中华人民共和国教育部.关于印发《普通高等学校辅导员培训规划（2013—2017年）》的通知[EB/OL]（2013-05-06）[2024-3-27].http://www.moe.gov.cn/srcsite/A12/moe_1407/s3017/201305/t20130506_151815.html.

度。高校大学生生涯教育师资队伍能力的提升，可以通过参与定期的理论学习和实践培训实现，也可以通过和其他企业或者是和其他职业生涯教师开展交流等方式实现。

（四）重视弱势背景的学生

弱势背景学生因资源和社会地位处于劣势，所以他们的职业生涯教育权利难以得到很好的保证。英国政府能够为弱势背景的学生提供政策和制度层面的保障，另外高校也能够动用社会力量为弱势背景的学生提供一定的帮助。

第一，政府可以强化政策保障的力度，及时发现歧视弱势背景学生的现象，并加以处理。第二，可以积极组织相关的社会力量，为面对就业问题的学生提供援助，并邀请已经毕业并顺利就业的弱势背景人员参与帮助学生的过程中去。第三，高校内部应该成立具有针对性的职业生涯服务小组。小组内部的人员除了要掌握教学的基本要求，还应该熟悉就业领域的法律法规，掌握学生的心理和学习特点。职业生涯教育对个人的成长有着十分深远的意义，对于弱势背景的学生来说，接受良好的职业生涯教育，能够提升他们的就业能力，提升这一群体的就业竞争力。

（五）开发职业生涯教育相关网站

英国的许多高校都十分善于利用计算机辅助系统，致力于开发出适合本校实际情况的职业生涯专业网站，或者和校外的职业生涯机构网站合作，利用网站的信息开展职业生涯教育的工作。

高校是为社会提供人才的重要基地，应积极搭建独具教学特色的职业生涯服务平台，供企业方发布相关的招聘信息，让学生及时捕捉市场动向。这一平台也应面向社会开放，以为高校、雇主、企业、政府等主体提供更为全面的信息，实现信息的共享和开放。这个平台更像是一个功能全面的职业信息检索工具，助力学生快速搜寻到自己需要的信息，最大限度地减少因信息壁垒导致的负面影响。

此外，借助网络平台的力量，高校还可以构建专业的自我评估系统，这套系统应以科学、合理的职业测评体系为基础，帮助学生深入剖析自己的个性和爱好等，以提高学生的自我认知水平。在此基础上，学生可以更加明确自己的目标职业,从而更有针对性地开展职业生涯规划。同时,这套测评系统也为职业生涯教育工作者提供了宝贵的参考,使他们能够结合测评的结果为学生提供个性化的就业指导。

第四节 日本高校的职业生涯教育

一、日本高校职业生涯教育的发展历程

(一)就业指导阶段(1915—1956年)

日本提出职业指导始于1915年,公立职业指导机构出现于1920年。1929年文部省训令强调了职业指导的重要性,此后职业指导正式引进学校并迅速普及。受美、欧等国职业指导理论和理念的影响,日本的职业指导开始时从其本身所能表征的涵义上往往理解成为就业而进行的指导因而择业指导与安置就业同义,具有明显的帕森斯模式的痕迹;但到了20世纪50年代,随着金兹伯格(Ginzberg)和萨帕(Super)两位职业指导专家把人格发展和职业发展理论相融合并提出职业选择发展理论,日本的职业指导也因时因势而变,在20世纪50年代末,由文部省颁布训令,改为出路指导",从原来择业指导扩展为生存方式指导和自我实现能力指导,把职前、职中和职后相统筹,确立了生涯辅导(career counseling)的理念。

(二)进路指导阶段(1957—1998年)

1957年,日本中央教育审议会发布的《科学技术教育振兴方案》首次正式使用"进路指导"概念,1958年,修订《中学校学习指导要领》,将"职业指导"更名为"进路指导"。日本文部省所编《初高中进路指导便览》中明确了"进路指导"的定义为通过学生的个人资料、进路情报、启发性经验以及商谈,让学生自己选择将来的进路,制定计划,决定就业或升学。之后,日本文部科学省规定进路指导的整个过程全权由基础科目的授课教师承担,开展贯穿学校教育活动全过程的进路指导,一直沿用至今。自20世纪50年代末,将"职业指导"改为"出路指导"后,1971年,文部省又把这个职务改为"进路指导主事",即专门负责

出路指导工作。鉴于就业指导工作的公益性及重要性，从事就业指导工作的人员在日本是很受尊重的，各高校对专门从事就业指导工作的人员的资格要求也很高的。一般来说，他们要同时具备心理学、教育学、咨询学或人力资源管理等相关学科的硕士或博士学位，通过职业指导人员的培训和考核，通过这些高标准、高要求，使得日本的就业指导更加专业化、专家化。

这一时期职业生涯教育的发展，可概括为以下四点：第一，在定位方面，从原来课程中的职业指导转换为贯穿学校所有教育活动的进路指导；第二，在内容方面，从对职业的知识、理解的相关指导转向援助每个学生的职业生涯发展；第三，在指导领域方面，从职业课程的领域转向特别活动或课程外的教育活动；第四，在指导教师方面，从基础科目的教师变成定期指导年级学生的教师及进路指导主事。

（三）职业生涯教育阶段（1999 年至今）

1999 年，日本中央教育审议会在《关于改善初中等教育和高等教育的衔接》报告中首次正式使用"职业生涯教育"一词，在此报告中指出要在学校教育中融入职业生活信息，加深与职业生活的联系，从小学基础阶段就开始职业生涯教育，并为此推行了多条相关联的法律法规来确保职业生涯教育的实行。

2003 年 6 月，日本内阁府、文部科学省、厚生劳动省、经济产业省联合发布了《青年自立·挑战计划》，以推进职业生涯教育的发展。

2004 年，《关于推进职业生涯教育的综合调查研究协作会议》报告中对职业生涯教育作出明确界定，即职业生涯教育是培养儿童、学生个人的劳动观、职业观的教育，并提出了职业生涯教育的推动方针。

2008 年 7 月，日本内阁会议通过了第一期《教育振兴基本计划》，作为日本的中长期教育发展规划，对职业生涯教育给予了特别的关注，提出推动职业生涯教育加快发展。2013 年 6 月日本发布了第二期《教育振兴基本计划》，在计划中指出，在从幼儿教育到高等教育的各个教育阶段，实施体系化、系统化的职业生涯教育。

2016 年，日本厚生劳动省提出开始设立职业生涯教育咨询顾问登录制度，并作为国家资格制度实施认定考试。

在这一系列的政策引导下，日本的职业生涯教育存在于每个学生的整个学习生涯，形成了一个完整的教育体系。

二、日本高校职业生涯教育的组织机构

值得一提的是，日本高校在职业生涯教育方面有着丰富的经验和成熟的培养体系，他们注重培养学生的职业素养和实践能力，在大学和专门学校推进职业生涯教育的落实，目的是培养具有国际视野和专业技能的优秀人才。

日本高校中的职业指导机构致力于为学生提供职业生涯教育指导，这些机构通常以就业指导中心的形式出现。一般的高校或者专业院校中都设立了校级的职业指导机构，或者学院一级的职业指导机构。专门学校和私立大学的就业机构通常是学校一级的，这些机构能够为学生提供个性化的职业咨询和"体验式就业"等实践活动，学生在机构的帮助下能够获得去其他企业实习的机会，或者参与相关的社会实践项目。通过这些活动，学生可以深入了解职业市场，提高自我定位的准确性，从而顺利进入社会，进入人生的新阶段。

为了确保学生从学校顺利过渡到社会阶段，日本自1999年起就开始要求大学及专门学校构建全面的职业生涯教育体系。职业生涯教育体系的内容贯穿于学校教育的全过程，且在私立和公立学校间均得到广泛普及。随着时间的推移，私立学校的职业生涯教育组织机构数量已与公立学校持平。

三、日本高校职业生涯教育的内容

为了提高学生的职业素养，培养他们顺利过渡到社会所需的职业能力，日本高校的职业生涯教育内容一般分为如下三个方面。

（一）统一性的职业生涯教育

统一性的职业生涯教育，就是面向全体学生统一开展的职业生涯教育，主要通过以下三种形式实现。

1. 实习生实习

1997年，日本社会迎来了一次重要的教育改革，日本文部省颁布了《教育改革计划书》，同年五月日本政府发表了《经济结构的变革和促进创造行动计划》。

这些政策的核心思想是促进学生到社会中参与实习,以期通过实践经历让学生深入理解职场的具体状况,这种实习体验带来的不仅是技能的提升,更重要的是塑造了学生的劳动观和职业观。如今,日本国立大学已普遍实施了这一实习政策,并有进一步延长实习期的改革趋势。

2. 专业课程中融入职业学习目标

美国在基础教育阶段便已开始引入职业生涯教育的相关理念,他们在初中、高中的普通课程中融入职业目标导向的教材,以此推动学生从更早的时期开始规划自己的职业生涯。在美国职业生涯教育理念的影响下,日本大学也在一般教育和专业教育中融入了职业发展的相关理念。例如,东京学艺大学就在各专业课程中统一加入了职业生涯学习的内容。

3. 职业生涯教育专业课程

目前,日本的职业生涯教育已经形成了一个独立的课程体系,旨在培养学生形成明确的职业生涯规划。这些课程教材形式多样,既有由大学教师和外部讲师根据校友和社会现实问题编写的具有职业意识启发性的讲义,如金泽大学的"人才开发计划"系列、名古屋大学的"职业生涯形成论"和一桥大学的"与社会人对话的社会实践论",也有由学校专门的职业教育部门的教员与职业生涯研究中心的教员共同编写的专业性教材,这些教材具有较强的社会导向性。在改进讲义的过程中,一个显著的趋势是将职业和生涯问题纳入跨学科的学习框架,并形成相应的讲义。北海道大学、广岛大学和歌山大学等院校就在这一趋势下进行了讲义的改革。

这些高校的相关教材都体现了职业生涯教育和一般教育和专业教育的融合发展。实习生的实习阶段就体现了这一理念。在日本的大学教育课程中,已经形成了将就职交流和实习生实习期统一到职业生涯教育专业课程中的惯例。这种新的课程体系无疑为学生从学校到社会的平稳过渡奠定了坚实的基础。

(二)职业生涯讲座与学生指导

1. 就业、职业生涯规划的讲座

现在,学生对就业信息的需求量正在逐渐增加,学校为了满足学生的需要组织了很多社团及部门间的活动。各大学的就业交流部门不仅能够为迷茫的学生提供关于就业的个性化咨询，还能够举办和就业相关的讲座，分享关于职业选择的前沿思考。这些活动能够为学生提供职业生涯教育的相关指导，帮助学生形成科学的职业观念，促进学生实现就业目标。

2. 教员对学生的个别指导

除了专业的职业生涯教育教师、职业生涯交流学部、研究科的一般教育以及研究小组的指导教员团体等能够为学生提供就业指导，普通教师也需要深入学习并掌握职业生涯教育的理念，和学生进行交流，为学生提供就业方面的帮助。通过这种方式，整个教育体系都能为学生的未来职业生涯奠定坚实基础，帮助他们迈向更宽广的人生舞台。

此外，相关的实践研究均表明，大学的职业生涯指导应该涵盖一定的细节性指导内容。确保就业交流的稳定开展，对于推进职业生涯教育至关重要。同时，随着研究生招生规模的扩大，针对研究生的职业规划与就业支持措施也日益完善，高校的就业指导部门将为他们的未来道路提供全方位指导。

（三）学生自发性的学习、课外活动

在日本的职业生涯教育开展过程中，职业生涯指导部门深刻认识到学生个人发展的核心驱动力来自学生的自发性与主动性。因此，应该积极鼓励学生参与课外实践、兼职工作、社交活动和家庭互动，以丰富他们的生活经历、塑造他们的个性品质，并为其未来的职业道路和人生选择奠定坚实基础。这些活动不仅影响了学生对职业宏观方向的决策，还提高了他们在学校内外各类考试和资格认证中的学习效果。更重要的是，它们成为连接大学教育与社会评价的纽带，提升了人才培养的整体质量。所以，在日本高校中，形成了大力支持自发性学习的氛围。

四、日本高校职业生涯教育的特点

日本的职业生涯教育致力于将学生的每一个学习阶段与其未来的人生轨迹紧密相连，这种教育方式从单纯的知识传授转变为对学生职业能力的全面培养。在学校里，高校为学生提供了职业生涯的初步辅导，而一旦学生步入社会，企业则继续承担这一教育的重任。这一体系是一个由上至下、由政府主导的整体规划，涵盖了小学、中学、大学乃至职场的每一个阶段。

基于此，我们可将日本高校的职业生涯教育特征总结如下。

（一）完整的职业生涯体系

日本的职业生涯规划教育是一个持续的过程，涵盖了从小学到中学再到大学的整个教育过程，旨在逐步帮助学生建立全面的职业观、劳动观，并在每个阶段内完成相应的知识和技能积累目标。这一切都是为了让学生能够顺利地从校园过渡到社会阶段，成为一名合格的职业人。

（二）自上而下的保障体系

日本的职业生涯教育保障体系是政府推动完善的，日本文部科学省及相关部门负责具体的细节工作。相关部门制定了详细的法律和政策，明确了各个阶段的职业生涯教育的内容、方法和目标，并为其实施提供了法律保障。此外，高校还应该积极联合家庭、企业等各方资源，确保职业生涯教育的顺利进行。

（三）完善的师资队伍

日本的职业生涯辅导有专业的职业生涯教育辅导教师队伍来负责实施，这些教师不仅熟悉职业生涯教育的开展要求，还能够为学生提供个性化的辅导和建议，帮助他们更好地规划自己的未来。在当今这个多变且充满挑战的社会，高校在培养学生时，不仅应注重知识的传授，更应将其职业生涯的规划纳入教育体系之中。为此，高校纷纷根据教学的实际需要配备了职业生涯教育指导员，这些指导员不仅具备深厚的学科知识，还擅长协调与沟通，能够实时地将就业市场的动态反馈给学生，助力他们更精准地定位自己的职业方向。

（四）企业、学校、地方政府等多方合作

企业的参与也是职业生涯教育不可或缺的一环，它们提供了宝贵的校外教育资源，如体验式就业活动、员工交流活动等，可以让学生在实践中感受不同职业、岗位的魅力，进一步了解职业的细节。同时，学校、家庭、企业三方紧密合作，能够帮助学生树立正确的职业观念，让他们明白作为社会中的劳动者应该承担起怎样的责任。在这些部门的通力合作下，社会也能更深入地理解职业生涯教育的开展意义，并支持职业生涯教育的开展。

五、日本高校职业生涯教育经验的启示

（一）关注学生个体，进行有针对性的职业生涯规划

职业生涯教育的核心在于促进个体的发展，专注于每一个独立的个体。因此，学校应通过专门的职业生涯指导机构，结合每个学生的特点和兴趣，帮助学生制定个性化的生涯规划。这个过程涉及三个关键的问题：学生需要明确自己想要什么、自己能够做什么，以及自己的选择能否满足社会的需求。通过深思熟虑，学生可以为自己的未来描绘出一幅清晰的蓝图，确定明确的行为方向、行动时间和行动方案，并为之付出努力。

在规划职业生涯时，学生应首先思考自己的兴趣和梦想是什么，这是内在动力的源泉；其次，要结合自己的优势所在，选择真正适合自己的职业方向；最后，他们应考虑自己的选择能否为社会带来价值，实现个人与社会的和谐共生。总的来说，就是要借助职业生涯规划这一过程，对个人的未来发展进行合理的规划，充分利用不同资源，完成最终的职业发展目标。

总之，职业生涯教育是一个长期的过程，它包括了学生自我认识、自我探索以及不断学习和成长的过程。只有在全社会的共同努力下，才能培养出更多有理想、有抱负、有能力的青年，为国家的繁荣和社会的进步贡献力量。在当今社会，职业生涯规划已成为每位学子必须面对的重要议题。为此，我们的职业生涯指导机构需依据学生的个人情况，为他们提供个性化、多维度的指导。除了评估个人的职业适应性、能力层次，还应涵盖职业选择、行业趋势、企业环境及性别平等就业等多方面信息，助力学生规划出最符合自己发展需求的职业道路。同时，各机构也需要为学生的行动计划、发展规划提供专业建议和参考。

（二）健全职业生涯教育法律监督体系

日本高度重视职业生涯教育的法制体系建设，并以法律法规规范了职业生涯教育各方参与者的权利和义务，为职业生涯教育的稳步发展提供了坚实保障。和日本相比，我国虽然已在立法领域进行了积极探索，但仍然需要不断完善，以更好地满足职业生涯教育自身发展和服务经济社会的需要。

随着外部环境的变迁和职业生涯教育的进一步发展，现有的法规体系亟待调

整与优化。我们应紧跟时代发展的步伐，借鉴发达国家有关职业生涯教育的优秀立法经验，创新立法思维，加强法制体系构建，从而推动职业生涯教育持续健康发展。

为此，需要根据我国的实际情况，制定与职业生涯教育发展紧密相关的专项法律，如产学研合作法、校企合作法、农村职业生涯教育法及职业生涯教育教师法等，构建起一个以基础法律为核心，配套系列相关法规，各部门行政法相互衔接、层级分明、和谐统一的职业教育法律体系。

同时，我们也应建立起一个有效的职业生涯教育法律监督体系，明确职业生涯教育法律监督的内容、目标、主体，确保法律能够依规实施。这一体系应以国家机关为主导，结合各社会组织、舆论机构和广大群众的广泛参与，形成相互协作、相互监督的机制。此外，我们还应完善教育执法与监督机制，优化教师培训制度、行政复议制度以及学生的处罚和申诉制度，为职业生涯教育的健康发展提供全方位的法律保障。

（三）加强职业生涯教育基础课程改革

我国的职业生涯教育相较于一些发达国家，起步时间较晚，尚未形成全面系统的体系。近年来，随着我国大学扩招和就业形势的变化，毕业生面临的就业压力越来越大，这促使高校更加重视职业生涯教育的作用。然而，大学生的职业心理困惑已然成为他们就业道路上的一大障碍，更是影响其身体健康的症结之一。目前，我国的职业生涯教育主要集中在大学阶段，形式也较为单一，多以就业指导为主。而在西方等发达国家，职业生涯教育已形成了一套完整的体系，我们需从中汲取经验，结合本国国情，将国外的先进教育理念本土化。为此，我们必须构建一个既符合我国国情，又具备理论和实践双重支撑的职业生涯教育体系。为了达到这一目标，首先要改革职业生涯教育的基础课程。

第一，我们应该将职业生涯教育融入日常的教育课程中，确保职业生涯教育贯穿于学生的整个学习生涯。参考一些发达国家的做法，我们需要在各个教育阶段都为学生提供职业生涯的指导，但我国仅在大学阶段开设职业生涯教育课程，这一现象亟须改善。近年来我国一些高校采取了开设系列课程等措施并取得了一些成效，如清华大学开设了"大学生职业生涯规划""职业素质拓展训练"等课程，为学生提供了系统化的生涯辅导。从学生入学的第一年开始，高校就应设置系列职业生涯教育课程，引导学生深入了解自己所学专业与未来所从事职业之间的联系。随着学习的深入，大三、大四的职业教育的课程则应侧重于为学生提供就业方面的指导，为学生提供最前沿的职场资讯，使学生转变就业观念，向他们传授就业技巧。

第二，为了保证职业生涯教育的针对性和实效性，每个学校都应基于自身特色和学生实际制定独特的学习计划框架与整体计划。学习计划框架与整体计划不仅说明了职业生涯教育在学校教育体系中所处的核心地位，还细化了从新生到毕业生各阶段的能力培养目标。全体教职员工都应参与到学习计划框架的制订中，共同为学生打造一个全方位、多角度的职业生涯教育体系。

第三，丰富职业生涯教育形式，重视评估和反馈工作。为了让职业生涯教育更具吸引力和实效性，我们需要不断探索和丰富其教育形式。除了传统的课程，我们还可以尝试开展更多专题性的讲座，如面向公务员考试人群和企业招聘人群等不同主题的讲座。此外，为学生提供就业咨询、就业体验学习等实践机会，也将大大增强学生的就业竞争力。同时，我们不能忽视评估和反馈工作的重要性。通过对职业生涯教育的持续评估与及时反馈，我们能够发现问题、改正错误，总结经验教训，从而不断优化职业生涯教育课程内容。在职业生涯辅导领域，建立一套精准、全面且科学的考核评估机制，无疑是推动职业生涯教育工作迈向更高水平的关键，这样的机制不仅能够确保职业生涯辅导工作走向规范化、系统化，更能为教育工作的持续优化提供有力保障。

（四）建立学校与社会的互动机制

从日本职业生涯教育发展取得的成效来看，我们不难发现其背后体现了政府、企业、学校三方的协同合作。尽管我们也在努力推动产学的深度融合，但相较于日本等发达国家，我们在这方面的步伐似乎稍显迟缓，三方之间的合作机制尚未达到理想状态，这无疑在一定程度上制约了我国经济社会的发展。我们急需构建一个学校与社会之间的互动机制，并明确政府、企业、学校各自的职责，使教育与就业市场紧密连接在一起。

首先，政府应扮演好"桥梁"的角色，为校企双方搭建一个和谐、稳定的合作平台。通过制定一系列产业扶持政策,政府可以协调企业间的关系,为校企合作提供政策上的便利与优惠。同时,政府还应积极推动校企共建研发平台,鼓励双方开展联合研究,促进人才、技术、信息的交流与共享。

其次,企业应积极投身到人才培养的实践中,借鉴日本就业体验活动的成功经验,尝试从传统观念中突破,建立一种新型的校企合作模式。企业与学校开展人才培养的协同合作,不仅有助于学校培养出更符合企业需求的人才,还能降低企业对员工的培训成本。同时,企业还能在潜在用户群体中树立良好的品牌形象。学校在这一过程中,能够从企业处获得一定的赞助资金,这些赞助资金不仅能够促进学校人力资源的优化,还能够帮助学生解决其就业问题。

再次,学校应充分发挥其科技创新和人才培养的优势,通过加强基础设施建设,为学生提供优质的科研和教学服务。同时,学校还应积极引进企业人才,建立一支由企业人员协同参与的专业教学队伍。这些具有丰富实践经验的企业员工,不仅可以为学生提供更具针对性的教学指导,还能为学校带来行业前沿的技术和信息。

最后,我们要明确的是,学习日本的成功经验并不意味着要完全照搬其发展模式。我们应该从我国的实际情况出发,探索出一条符合自身需要的校企合作之路。在政府的主导下,我们期待看到更多的学校、企业、政府携手合作,共同推动我国教育事业和经济社会的繁荣发展。

第三章 高校职业生涯教育办学主体的协同融合

本章为高校职业生涯教育办学主体的协同融合,主要分析了高校职业生涯教育办学主体协同融合的价值、高校职业生涯教育不同办学主体的参与现状、高校职业生涯教育办学主体协同融合的机制。

第一节 高校职业生涯教育办学主体协同融合的价值

一、有助于大学生发挥主体能动性

(一)有利于大学生选择适合自己的职业

大学生处在生涯探索与生涯建立的转换时期,这一阶段学生的主要目标在于通过深入的自我探索,确立清晰的发展道路,同时做出详尽的职业发展规划。高校通过与不同办学主体的协同合作,帮助学生充分发掘与个人兴趣、天赋相契合的职业潜能,从而在合适的岗位上实现自我价值,满足个人的物质和精神需要。

(二)促使大学生自主学习、自我提升

当前已就业的毕业生普遍认为,在岗位上亟待提升的能力主要包括人际交往、沟通表达、问题解决、应变创新、职业认识、团队协作、自我管理及领导力等,和毕业生在毕业时所具备的素养存在一定的差距,因此毕业生在进入职场后会出现不适应的问题。

这一现象映射出高校课程体系与实际职场需求之间的错位。若学生未能明确

职业定位，及时根据行业需求进行自我调整，将面临更大的就业压力。高校职业生涯教育办学主体协同融合，有助于大学生获得更多的职业信息，丰富和加深对各类职业的认知，了解岗位要求，并根据自己与岗位要求之间的差距制定学习计划，不断学习和自我发展。

（三）有助于降低大学生离职率

离职率反映了毕业生的工作稳定性。频繁地更换职业并不利于毕业生日后的职业发展。近年来，由于社会经济、就业形势等因素，大学生就业后的离职率较高，究其根源，最主要的原因是大学生认为专业工作不符合自己的职业期待。这些现象进一步证明了大学生职业生涯教育中大学生职业探索周期的不足。高校职业生涯教育办学主体协同融合，有助于大学生在较短的时间内获得更多的体验各类职业的机会，使大学生可以尝试多种岗位，找到适合的职业目标，从而在毕业后从事符合自己能力和职业期待的职业，降低离职率。

二、有助于降低高离职率带给企业的损失

在市场经济不断深化发展的背景下，企业的长远发展离不开一套健全而成熟的人力资源管理体系。这一体系不仅是企业规范化运营的基石，更是企业吸引并留住优秀毕业生，以更新企业人才库、提升竞争力的关键策略。然而，一个不可忽视的现象是：毕业生进入职场后在短期内频繁离职，已成为困扰企业的一个问题。无论本科院校还是高职高专的毕业生，他们基本上都是因个人的发展空间不足而选择离职。这一现象的背后，往往与大学生在就业时做出的非理性决策有着直接的联系，在择业时，他们常常过分看重工资待遇、工作环境等外在的物质条件，而忽视了自己的内在心理需求。

近年来，大学毕业生"裸辞"现象有所增加，有以下两种原因导致了这一现象：①企业的工作内容缺乏挑战性，毕业生无法从工作中增长经验，毕业生感觉所从事的工作没有发展前景；②一些企业内部人际关系复杂，管理严苛，毕业生难以感受到工作的乐趣和成就感。特别是以"00后"为主要群体的应届毕业生，他们的"裸辞"行为表现出了对个人职业生涯的困惑与迷茫。

大学生的"裸辞"行为对于用人单位而言，意味着招聘与培训成本的增加，

以及人才流失所带来的损失的增加。为了避免这些问题的出现，大学生在就业前就应该自己的职业目标。当然，这一目标的实现需要用人单位的积极参与和配合，企业与大学生进行的岗位沟通，能够使大学生更好地了解企业文化、管理模式和职业发展机会，从而在选择职业和岗位的过程中作出更为理性和明智的选择。因此，企业应当参与到大学生的职业生涯教育中去，通过建立有效的沟通机制和提供实践机会，让大学生在了解企业的同时也能够对自身的情况产生全面的认识，提前明确自己的职业目标。这种双赢的合作模式不仅有助于降低大学生的离职率，也有助于企业吸引和留住更多符合自身发展需求的人才。

三、有助于促进大学生就业、创业

随着社会的持续进步和职业的多元化发展，高校教育功能的充分发挥依赖对职业发展趋势的敏锐洞察。在过去的高等教育发展历程中，高等教育出现了普及化、就业市场化的新特点，高校面临着前所未有的转型与变革压力，进行了适应性调整的尝试。然而，从大学生的就业问题来看，高校的变革速度似乎未能同步于经济结构的深刻调整和社会用人标准的显著变化。在当下，社会对应用型人才的需求越来越迫切，部分高校却在一定程度上偏离了服务于经济社会建设、培养职业化应用型人才的目标，而是更倾向于追求学术性的办学方向。在教育资源的配置上，部分高校过分偏重于学术性指标，而忽略了对大学生职业生涯教育的投入。目前，我国部分高校的职业生涯教育缺乏系统性。部分高校的职业生涯教育局限于就业讲座形式上，缺乏持续性和深入性。同时，由于职业生涯教育资金和人力资源的限制，部分高校难以建立起有效的职业生涯指导机构。从学生的个人角度来说，持有大学文凭并不意味着学生具备了从事某一职业的能力，学生初入职场的表现也不能够说明大学教育质量的优劣。对教育质量的评价应基于学生毕业后在职场上的长期表现。为了提高高校的教育质量，高校在职业生涯教育方面需要进一步加强与办学主体的协同融合，紧密结合社会需求，动态调整专业设置，并在通识教育的基础上强化职业生涯教育。通过系统的、专业的职业生涯教育，高校能够引导学生主动为自己的职业道路作出规划，有效促进大学生就业。

同时，对学生创业精神和创新能力的培养也应成为高校教育的重要组成部分。岗位创业作为当代大学生的重要成才途径，涵盖了对工作的适应、职责的履行及创造性的工作表现三个层次。高校、企业、政府和社会应共同关注并积极参与大学生创业教育，以激发学生的创业意识，增强其对创业流程和相关法律法规的了解，进而培养大学生的创新精神与创业能力。对于当前大学生普遍面临的"就业难"问题，我们提出一种可行的解决方案，即鼓励大学生在毕业时进行创业，从而实现就业路径的多元转变。

四、有助于提高大学生的就业能力

（一）企业提供大量的实习实践机会

尽管大学生在校期间已经开始参与实习活动，这些活动往往与所学专业存在相关性，但一些大学生的实习活动未能完全满足企业的标准。

当前大学生普遍会参与企业组织的实习实践活动，以积累社会工作经验。但是一些大学生在选择实习实践活动时存在一定的盲目性，没有根据自身所学专业的特点与需要有目的地选择实习实践企业，导致一些大学生虽然参与了企业的实习实践活动，但其就业能力仍有待提升。

很多大学毕业生就业后发现，实际工作中需要的知识只有一小部分是从学校教育中获得的，这说明当前大学的职业生涯教育存在的真正问题是大学生在课堂上无法学到工作中真正需要的知识，或者说高校无法满足大学生对职业生涯规划的需求，这体现了企业参与大学生职业生涯教育的必要性和紧迫性。

高校职业生涯教育办学主体协同融合，尤其是企业参与大学生职业生涯教育，能够为学生提供大量的实习实践机会，让学生亲身体验岗位工作，获得更多的职业知识，在实习实践的过程中积累工作经验、丰富个人履历，并且获得更多的工作知识和技能，提升沟通与合作能力，提升社会适应能力，提升专业能力与实践能力，这不仅有助于学生更好地进行职业生涯规划，还有助于大学生提升就业能力。大学生若是在实习实践中表现出色，还有机会获得毕业后转正的机会。

（二）企业导师参与职业生涯教育

企业导师积极参与职业生涯教育的实施过程，能够提升大学生的就业能力。通过邀请企业的中高层管理人员、人力资源专员加入职业生涯教育导师队伍，以及组织与企业家或资深员工的交流活动，可以使大学生更全面地了解真实的职场环境、提升决策能力，同时，也能培养他们的责任感、敬业精神、工作主动性和进取心，以及踏实认真的职业品质。

（三）企业参与职业生涯教育课程体系构建

企业参与职业生涯教育课程体系构建，组织实践、实习、讲座等活动，能够丰富教育内容，使大学生更好地学以致用、活学活用，也有助于大学生收集工作中的各类信息，增强自身的分析能力、决策能力，以及解决实际问题的能力；有助于大学生增强自身责任感，培养敬业精神、进取精神，提升大学生的职业道德素养；有助于提升大学生的沟通能力、社交能力，拓展人际交往网络；有助于大学生更清晰和全面地认识自我和职业，从而找到与自己匹配的职业；有助于大学生提高自身专业能力。

第二节　高校职业生涯教育不同办学主体的参与现状

一、学生参与高校职业生涯教育的现状

（一）职业发展准备不足

从整体上来讲，多数大学生清楚自己的能力和特长，有自己的兴趣和爱好，但也有部分大学生并不是十分清楚自己到底具有哪些能力和特长。多数大学生对社会中的各种职业了解较少，不太清楚自己适合哪种职业，没有与自身匹配的职业目标，并且对于自己在以后的职业发展过程中的优势和劣势没有深刻的了解，甚至有一小部分大学生没有考虑过这个问题。在紧张的就业形势之下，部分大学生对于进入社会开始职业发展没有足够的信心，一小部分大学生甚至有逃避就业的想法。

如今大学生已经普遍认识到职业生涯教育的重要性，认识到明确的职业发展目标有利于在校的学习和发展，但是由于缺乏职业认知和职业体验，部分大学生没有明确的目标。目标的缺失无疑会导致大学生在日后的职业发展中更容易遇到无从选择的困境。

随着高校职业生涯教育逐渐普及，一些大学生对自己的未来职业生涯进行过一定的设想和规划，但是这些规划都是比较粗糙的。部分大学生没有对个人职业生涯形成清楚的想法，在职业发展规划上缺乏行动力，正如一些学生之所以没有取得更好的成绩多半是因为缺乏定力一样，如果职业生涯规划仅限于空想，那么就永远无法达到应有的作用。

目前部分高校仅在大四学年开设职业生涯规划课程，并且这些课程大多都流于形式，部分大学生并没有充分了解职业生涯规划的相关理论和方法，通常只有部分小学生有深刻的了解，如人力资源管理专业的学生由于专业课程中涉及此类知识，所以对其有所了解。

（二）职业生涯规划的参与度不足

一些大学生认为职业生涯规划是十分必要的，但他们中积极开展自身职业生涯规划的却很少，并且他们不够了解职业生涯规划的相关理论和方法，在行动上存在一定的盲目性。

值得注意的是，当前一些大学生对于自身的能力和特长认知不够全面。他们往往从他人的评价中认识自己，而鲜少借助专业测评机构或简单测试来增进自我认知。这种缺乏自我认知的问题，加之专业指导的稀缺，导致一些大学生在选择专业及规划职业路径时容易出现偏差。因此，加强高校职业生涯教育显得尤为重要。

二、高校开展职业生涯教育的现状

鉴于当前大学生就业形势的严峻性，教育部门明确提出了高校大学生就业指导工作的"四化"目标，即全程化、全员化、专业化和信息化。在这一理念的指导下，各高校纷纷开展了职业生涯教育工作。尽管这项工作受到了社会层面的广泛关注，但仍存在诸多问题亟待解决。

（一）职业生涯教育课程体系不健全

随着时代的发展和需要，传统的就业制度已不能迎合现在的市场需求，高校毕业生的就业环境也发生了深刻变化。为适应这一变化，原劳动保障部推动高校将就业指导工作纳入高校的日常管理范畴中。国务院办公厅和教育部也相继出台政策，要求将就业指导课程纳入教学的课程体系中，并明确了实施的细则。然而，各高校的具体实施情况存在较大差异。有的高校仍以入学教育、职业生涯规划选修课、专业实习和就业指导课作为职业生涯教育的主要开展形式，有的高校甚至以思想政治教育替代职业生涯教育。这种课程体系不能完全满足大学生在职业规划方面的实际需要。但也有部分高校在大学生职业生涯教育方面作出了积极的努力，他们从理论和实践两方面出发，全面考虑了各方面因素，为大学生提供了较为完善的职业生涯规划指导。但在教学实践过程中，部分高校对课程间的内在联系及整体性的考量存在欠缺，导致系统性不足。

（二）职业生涯教育课程安排不合理

在我国高校教育体系中，职业生涯教育课程的教学管理主要有三种形式：由就业指导中心集中管理；由教务处与就业工作部门共同管理；由各院系直接管理。目前，高校大多采用由就业指导中心集中管理或由教务处与就业工作部门共同管理。然而，从当前取得的教学成果来看，部分高校并不重视职业生涯教育课程的作用，只关注理论教学的完成，忽视了教学质量与实效。由于职业生涯教育课程大多以合班上课的形式开展，教学实际效果并不理想。此外，部分学生反映的一个问题是，职业生涯教育课程在授课的过程中多采用传统的教学方法，与实际情况联系得不够紧密。职业生涯教育课程在一些学生眼中，只是一门能够获得学分的选修课，而没有实现指导学生进行职业生涯规划的目的。

（三）缺乏独立的职业生涯教育指导机构

目前，一些高校还没有设置专门的职业生涯教育指导机构。职业生涯教育科室多隶属于就业指导部门，其中一些职业指导教师也由其他专业教师兼任，这些教师在职业生涯指导领域的经验不足。同时，就业指导部门的人员编制数量较少，通常为4至5人，这使得职业生涯教育方面的发展相对受限。在现行的就业指导体系中，就业指导部门的核心职责聚焦于三个关键领域，即精准捕捉就业信息、精心组织校园毕业生供需见面会，以及系统地推进职业技能培训与相关工作实施。

（四）职业生涯教育实践环节薄弱

1. 职业测评工具应用不当

部分高校在职业生涯规划指导方面存在显著的短板。具体而言，职业生涯规划教师在实际的教学活动中很少运用科学完善的职业测评工具对学生进行系统评估。尽管部分高校尝试引进国外的职业测评工具，但由于中西方职业生涯教育方式的显著差异，这些工具的测试效果往往不尽如人意。

2. 实践平台不多，作用不足

值得注意的是，近年来众多用人单位在招聘大学生时往往倾向于招聘具有两年以上工作经验的应聘者。这一趋势实际上体现了企业对大学生提出的经验和技能要求。为了满足企业的招聘需求，各高校纷纷开始建设校外实习基地。然而，从现有的实习基地情况来看，一些实习基地暂时无法满足大学生的实践需求，不仅存在数量不足的问题，实习基地提供的实践内容也偏简单，难以大幅度提高大学生的职业技能。

（五）对创业教育的重视不足

我国高校的创业教育起步较晚。1999年在教育部发布的《面向21世纪教育振兴行动计划》中指出："加强对教师和学生的创业教育，采取措施鼓励他们自主创办高新技术企业"[①]。自此，2000年西北工业大学带头开设了"创业学"作为选修课，2002年北京航空航天大学率先成立创业管理培训学院，专门为本科生和研究生开展创业教育和培训。2002年，教育部确定9个高校为创业教育试点院校，在它们的带动下，创业教育在全国高校逐渐开展起来。创业的实践活动也在"创业计划竞赛"的带动下，逐年开展起来，2023年，开展了第九届中国国际"互联网+"大学生创新创业大赛。虽取得了一定的成果但目前的创业教育仍处于摸着石头过河的阶段，无论是课程体系，还是实践体系均不够完善，还有待进一步规划。

---

① 全国人大常委会法制工作委员会研究室. 中华人民共和国行政法律法规全书 第5册[M]. 北京：中国民主法制出版社，2000:3218.

(六）忽视了大学生就业心理问题

在当今社会，大学生就业过程中出现的各种心理问题，已成为一个不容忽视的研究课题。这些心理问题深刻影响着大学生的就业选择与未来发展。在认知层面，部分学生陷入了多类型的心理困境中：如"等等"心理、自负心理，以及自我贬低的自卑心理等，均在不同程度上影响他们对就业市场形成客观的认知。在情绪方面，学生在就业过程中常处在高压的环境，而且就业信息的获取渠道受限，使一些大学生出现了负面情绪。在社会心理层面，一部分大学生出现了盲目跟风、过度依赖，以及对现状的不满等消极心态。探索大学生产生心理问题的根源，我们发现其背后的原因众多，不仅涉及宏观层面上的社会环境与高校教育体系变化，更在于大学生的心理健康教育层面。我们应当构建一套全面而有效的心理健康支持体系，特别聚焦于大学生群体的就业心理教育。

(七）高校职业生涯规划大赛出现形式化倾向

高校举办的职业生涯规划大赛原本应是激发学生潜能、探索未来职业道路的重要契机。然而，近年来，这一活动却悄然走向了形式化的边缘。

在对就业环境的剖析上，一些学生多停留于宏观层面的感性认知，鲜有深入特定区域、细分市场的精准洞察。即便一些学生对行业发展趋势有所研究，学习了政府的相关扶持政策，却往往忽略了行业内部的真实脉动，以及职业细节与任职要求等细节。如此，便难以根据岗位的情况，及时整合就业资源，实现个人能力与岗位需求的精准对接。

一些大学生在修改参赛作品的细节时显得力不从心。他们的备选方案如同无根之木，与整体结构框架缺乏逻辑上的联系。

如果我们进一步观察大学职业生涯规划大赛获奖者后续的职业生涯发展轨迹，我们会发现：一些大学生在就业时并未遵循他们精心设计的职业规划路径。这一现象折射出，一些大学生还是将此类大赛视为普通的学校活动，其参与动机更多是获取学分和证书，以此来实现提升就业竞争力的目标。这些规划作品基本上被视作一次性的参赛作品，而非指引个人长远发展的长远规划。

三、社会参与高校职业生涯教育的现状

面对纷繁复杂的职业类型，年轻人在选择就业方向时往往存在困难，主要体现在难以仅凭一己之力全面了解各类职业的真实情况。同时，父母与亲友虽有协助就业的意愿，却也常因专业知识的局限性，难以给出精准有效的职业选择建议。职业选择的恰当与否，对于刚走入社会的大学生而言，不仅关乎其未来事业的走向和生活的幸福感，对于整个社会而言，还会影响人力资源的合理配置与供需平衡。因此，促进个人与职业的最佳匹配，不仅有利于个体的全面发展，也是实现社会和谐与进步的关键所在。鉴于职业选择对个人与社会的深远影响，引导与辅助年轻人进行合理职业选择的责任，逐渐从家庭转向了学校与社会。

在此背景下，社会对大学生职业规划发展的支持作用日益凸显。社会对大学生职业规划的支持可分为客观与主观两大类型：客观支持涵盖来自家庭、朋友、社会组织等在物质层面的直接援助或参与；而主观支持则体现为个体在社会活动中感受到的心理层面的支持。研究表明，社会支持对大学生的就业过程具有显著的正向影响。具体而言，毕业生在求职过程中所获得的社会支持越多，求职的心态越积极，开展求职活动的频率也会越高。同时，高水平的社会支持还有助于毕业生在求职期间保持稳定的心理状态，进而对自己的职业产生较高的认同感。因此，加强社会支持体系的构建与优化，对于促进大学生顺利就业、实现个人价值与社会发展的和谐统一，具有不可估量的重要意义。

（一）大学生职业辅导咨询机构力量薄弱

在探讨大学生职业生涯教育这一重要议题时，我们亟须认识到社会力量的潜在贡献与需要改进之处。目前，社会上的职业咨询机构未能满足大学生的需要，且其服务重点未能够聚焦大学生这一群体，多偏向于为企事业单位员工提供服务。尽管各机构业务特色各异，但共通之处在于对大学生群体的关注度尚显不足。

相比之下，创业辅导机构在数量上略胜于生涯辅导机构，主要归因于政府部门对创业活动的重视。诸如"中国青年创业国际计划"与"创业中国"等综合性创业项目，是由多部门协同发起的。创业辅导机构的服务范围广泛，涵盖创业资讯、融资支持及交流平台等多个领域的内容。然而，即便是这些已具备一定规

模的机构，其服务范围亦未能覆盖所有有需要的学生，且其指导更多侧重于实践层面。

（二）用人企业参与度明显不足

第一，用人企业在大学生职业生涯教育中的参与现状不容乐观。参与实践活动不仅有助于企业塑造品牌形象，还能有效降低招聘的整体成本，但多数企业没有深刻意识到参与高校实习实践活动的价值，从而导致校企合作培养人才的案例数量不足。同时，高校实践在资源方面存在的局限性、企业对教育法律法规的认识不足以及个别企业在社会责任履行上的欠缺，均为校企合作的开展制造了障碍。

第二，企业参与大学生职业生涯教育的积极性普遍不高。以低端制造业、服务业的企业为代表，这些行业对高学历人才需求有限，加之这些行业的市场竞争激烈、人才流动频繁，难以保障大学生实习实践的质量。此外，企业还担忧大学生实习期间，公司培训人员传授给学生的管理与技术知识可能被学生带至竞争对手处，造成技术外泄，加之企业参与到大学生职业生涯教育中可能会产生一定的成本，为企业带来一定的经济负担，这些因素均削弱了企业的参与动力。

第三，在当前的社会经济背景下，企业对于参与大学生职业生涯教育的意愿与投入程度尚显不足，这一现象深刻反映了企业过于追求短期经济效益，却忽视了品牌建设与长期人才培养战略的重要性。自2003年起，高校毕业生数量逐年递增，供需的不平衡问题也使得企业对毕业生提出了更严格的要求，不仅强调专业与岗位的匹配度，更对学生的实习经验提出了更高的要求。

（三）社会传媒的支持作用不足

在信息化的发展背景下，公众每日通过电视、广播、互联网、报纸等多样化的媒体渠道接收海量信息，这些信息不仅深刻影响着求职者的求职意向，也在一定程度上塑造着个体的职业价值观念。观察那些在职业规划与创业文化推广方面较为成熟的国家或地区，我们不难发现，社会传媒对大学生就业起到的作用是十分关键的，通过传播积极的信息与价值观，职业规划与创业的氛围将更为正能量。

在众多的传媒载体中，网络传媒是受众范围最广的。但是与大学生就业创业相关的网络传媒多为招聘平台，很少有关于职业生涯规划相关的大平台。尽管一些短视频平台和社交平台中,有博主分享职业生涯规划知识和自己的经历,但都是普通人的一家之言,缺乏专业性。

由此我们可以断言:社会传媒在大学生职业生涯教育方面的支持还有可提升的空间。

四、政府参与高校职业生涯教育的现状

政府部门始终保持着对教育与就业问题的高度关注,近年来更是针对就业问题不断推出改革措施以优化就业环境。尽管我国政府在推动大学生灵活就业方面已取得了一系列显著成效,但不可否认的是,仍有一些问题亟待进一步解决。

(一)就业引导和支持方面

进入21世纪后,大学生就业问题日益凸显,相关部门相继出台了一系列政策措施,旨在引导毕业生进行合理择业。人社部、财政部、教育部等多部门联合发布了多项就业政策,鼓励高校毕业生转变就业方向,投入偏远地区的建设之中。具体而言,在艰苦地区工作满两年及以上的高校毕业生,在报考研究生时将享受优先录取的待遇;在报考党政机关或应聘国有企事业单位时,也会有相关的政策倾斜。此外,各地方政府也纷纷响应国家号召,结合地区实际情况制定了包括财政代偿学费、助学贷款优惠在内的多项优惠政策,以保障大学生在基层就业的稳定性。同时,各高校也积极响应政策的号召,通过加强就业指导与服务,助力学生在走出校园后顺利就业。为了激励毕业生积极投身于基层工作领域,政府及高等教育机构相继出台了多项奖励性政策措施。

综上,我国已构建起一套由中央政府、地方政府与高等院校三方协同的大学生就业引导体系,该体系展现出了较强的适用性。然而,我们在审视大学生就业信息市场的发展现状时,不难发现其仍处于一种局部优化、相对分散的状态,缺乏整体性的规划与整合。

在当前日益复杂的就业形势下,大学生能否迅速且有效地捕获招聘信息,是其实现就业目标的关键和前提。在信息技术快速发展的今天,大学生应当开拓招聘信息获取渠道,从多种途径发掘合适的机会。这里列举一些招聘信息的获取方式。

（1）借助求职招聘网站。基于计算机、互联网平台，已经出现了多个大型求职招聘网站，这些网站中有着海量的招聘信息，并且有着较为合理的分类和标签系统，可供求职者和招聘者直接在线沟通和相互评价，已经成为大学生求职就业的重要途径。但是由于网络的虚拟性、开放性，网站中的信息良莠不齐，存在一些虚假和诈骗信息，轻则公司情况和岗位情况与发布的招聘信息不符，导致求职者白跑一趟，浪费时间和精力；重则诈骗钱财或将人骗入传销组织，导致求职者损失钱财，甚至面临人身危机。

（2）高校、地方举办的毕业生就业洽谈会。在当前的就业形势下，各地区的就业部门及高等院校纷纷采取多样化举措，旨在满足所在地区的毕业生就业需求。在就业季期间，各类就业招聘会举办得如火如荼，其规模逐年扩增，举办频次亦显著增大。这些活动不仅面向全体毕业生，还进一步细分至理学、工学、农学、医学等具体学科领域，以及医药、化工等特定行业范畴，另外，还通过组织专项双向选择会，精准对接供需双方。对于大学生而言，此类传统招聘模式能够为他们提供重要的就业信息。

（3）其他公共传媒。随着媒体技术的飞速发展，广播、电视、报纸、杂志及互联网等公共传媒平台都成为大学生获取就业信息的渠道。这些渠道以其覆盖广泛、信息量大、传播迅速的特点，为大学生提供了丰富的择业资讯。一些大企业会在自己的官网或者微信公众号上发布招聘信息，但这些信息零散割裂，仍会造成大学生对信息掌握上的障碍。同时，部分企业门户发布的信息因监管不到位的问题出现了一些虚假的内容，无形中增加了大学生的就业风险。

综上，尽管当前大学生的就业信息来源广泛，但这些渠道普遍存在一部分不规范的问题。为解决这一系列问题，构建起一个统一、规范的就业信息服务体系显得尤为迫切。这一体系的有效实施在于政府层面的统一规划与监管，通过整合各类资源，优化信息流通机制，从而确保大学生能够便捷、准确地获取到全面、真实的就业信息。

（二）大学生职业生涯教育管理方面

20世纪初，我国的职业生涯教育在美国等西方国家的影响下逐步发展。1917年黄炎培联合蔡元培、马相伯、梁启超等48人，在上海创立中华职业教育社，大力提倡职业教育，并于 1920 年成立职业指导部。在《教育与职业》杂志上刊发"职业指导专号"、"职业心理学"专号。

20 世纪 90 年代，我国确立了市场经济体制，企业拥有了用工自主权，职业指导发展速度加快。1990 年中华人民共和国国家教育委员会（今为中华人民共和国教育部，以下简称"国家教委"）调整普通高中教学计划，要求各校试行开设职业指导课。1992 年国家教委把职业指导列为普通高中必修课，并组织编写了《普通中学职业指导教育实验纲要（草案）》。1994 年原中华人民共和国劳动部（今为中华人民共和国人力资源和社会保障部）印发了《职业指导办法》，明确规定职业介绍机构应开展职业指导工作，配备专（兼）职职业指导工作人员，向劳动者和用人单位提供指导、咨询和服务。就业训练机构应开设职业指导课程，配备专（兼）职教师，对参加就业与职业训练的劳动者开展职业指导。

2007 年中华人民共和国教育部（以下简称"教育部"）印发了《大学生职业发展与就业指导课程教学要求》的通知，要求各教委、高校毕业生主管部门从 2008 年起在所有普通高校开设职业发展与就业指导课程，并将其作为公共课纳入教学计划，分年级设立相应学分，使职业指导贯穿学生入学到毕业整个培养过程。2017 年，教育部发布《关于推动高校形成就业与招生计划人才培养联动机制的指导意见》，要求健全就业指导课程体系。在教育部的规划下，各高校不断完善职业生涯教育课程，但各高校的师资力量存在一定的差异，其中部分高校职业生涯教育课程缺少评估反馈机制，实施效果并不显著。

第三节　高校职业生涯教育办学主体协同融合的机制

一、高校职业生涯教育的校内协同融合机制

（一）设立科学的职业生涯教育管理机构

为确保高校大学生职业生涯教育的持续进步，必须建立科学合理的职业规划教育管理机构，由其协调全局工作，整合校内各方资源，以推动人才培养战略的全面实施。

1. 主要科室及其职责

（1）职业生涯规划指导委员会。职业生涯规划指导委员会由校领导、学生处领导、教务处领导、创业园领导构成。委员会的主要职责是立足全国同类院校人才培养现状，结合本校办学宗旨，制定学校职业生涯辅导工作的战略，并监督各职能部门将战略转化成具体目标并贯彻执行。委员会除监督各职能部门的实施效果外，还要给予其必要的支持与帮助，同时不断地收集基层单位的意见，不断修正和完善实施方案，保证此项工作顺利开展。

（2）就业指导中心。就业指导中心负责具体落实大学生职业生涯规划指导委员会的决议，确保生涯管理工作执行。其下设置四个部门。

①就业信息中心。就业信息中心的职能包括以下五个方面：第一，负责全校学生职业生涯规划网络测评，帮助学生了解自我的职业倾向。第二，建立职业生涯规划网络平台，汇集职业生涯相关课程、生涯人物讲座、职业动态更新等内容。第三，为学生生涯规划建立电子档案，分阶段引导学生完成生涯规划，保证生涯规划的连续性。第四，跟踪调查毕业生生涯发展状况。通过跟踪随访、调查，全面了解学生的岗位适应能力、岗位胜任力、发展状况、用人单位对人才的需求标准等，并将调研结果反馈给职业生涯指导委员会，以调整规划战略。第五，主动联系用人单位，开发学生就业市场、兼职市场，组织校园招聘会。招聘会应面向全体在校学生，为学生提供就业、实践渠道。在职业介绍过程中，负责审核用人单位的资质，监督协议签订过程，保障学生的合法权益。

②职业生涯辅导室。职业生涯辅导室的职能包括以下四个方面：第一，开展职业咨询，为学生提供个性化咨询服务，帮助学生做好职业定位，解决学生的就业困惑。第二，建立职业生涯规划辅导师资队伍，定期对教师进行专题的培训与交流；组织教师编写相关教材、申报相关课题研究。第三，开展职业生涯规划大赛，普及职业生涯规划知识，推进大学生职业规划的践行力度。第四，根据专业特点，结合社会人才素质要求，构建大学生胜任力模型，开展职业素质认证，提高学生职业化技能。

③创业教育研究室。创业教育研究室的职能包括以下四个方面：第一，指导开设创业课程体系的开设。创业教育课程体系的设定应基于高校自身的资源和校

外可利用的资源。第二，建立包含经济管理类专家、政府经济部门专家、成功企业家的创业教育专家体系。其中经济管理类专家需熟悉现代经济理论和市场运作规律，对中国目前的经济政策有较强的把握和预测能力。政府经济部门专家帮助学生了解政府经济部门在产业发展中制定的政策、扶植措施、计划、规划等宏观调控的政府行为。成功的企业家通过与学生沟通、交流，使之学习经验、感染动力、建立自信。第三，建立企业联系。主要任务是促进学校与当地中小企业的紧密联系，为本校学生提供创业教育实习场所。第四，评估与考核。主要负责本校创业教育的实施、评估与考核。

④心理援助室。心理援助室负责提高大学生心理健康水平，保证学生的求职择业顺利进行并使其日后更好地适应社会。同时，消除学生择业时出现的焦虑、烦恼、抑郁、自卑等不良情绪。

2. 辅助机构及其职责

（1）教务处。在职业生涯指导工作中，教务处肩负着重要职责，其需要规范职业生涯的课程，并协调各学院将职业规划课程纳入人才培养方案。除了高校普遍开设的必修职业生涯规划理论课程，教务处还应积极推动各专业依据自身特色开展就业或创业的深入研究，并增设专题辅导课程，以丰富学生的职业选择与发展路径。

（2）学院职业生涯规划工作组。通常情况下，学院职业规划工作组由资深教师和学生工作者组成，会与学院就业服务中心紧密配合。根据学生专业特点，该工作组可通过日常思想政治教育工作向学生巧妙地传递正确的职业价值观与理念。在学生进行专业学习时，该工作组致力于在知识中渗透就业市场动态，引导学生洞察行业发展趋势及各行业的特色。

（3）学生处团委。学生处团委致力于开展宣传工作，在校园中建立良好的就业、创业交流圈。

（4）创业园。创业园致力于提供全真或仿真创业体验，帮助大学生通过实际操作体会择业氛围。

（5）校友会。校友会通常由曾在相同的学校共度校园时光的学子组成，他们与母校保持着深厚的情感联系，是母校在校园外部隐含的宝贵资源。校友会可为在校生提供以下职业规划方面的支持：①参与制定人才培养方案、统筹教学体系的完善、壮大母校师资力量；②借助丰富的关系网络和信息资源，积极为学校拓展就业市场，同步职业动态；③建立实习基地，为大学生提供相应的实习岗位；④设立专项就业与创业基金，为有志于就业或创业的毕业生提供有力支持；⑤通过数字化平台如在线社群、微博等，与在校生建立沟通桥梁，引导他们确立未来的职业发展方向，助力其实现人生理想。

（6）各类社团与协会。社团是大学生在相同的爱好与兴趣引导下自发组成的群众团体，这些团体虽然常常依托于学院或团委，却始终保持着各自独特的活动风格。目前，一些社团在策划活动时出现了只会利用现有的能力和资源的问题，这在一定程度上限制了活动的成效，干扰了学生参与的热情，也不利于引起社会的关注。

各类社团与协会在发挥其职业生涯指导的作用时，除了要让就业和创业社团发挥主导作用，还需要采用横向联盟的方式，全面整合校内各方资源，从而激发更多社团成员的参与热情，实现资源的最大化利用。

（二）构建系统的职业生涯教育课程体系

高校应将职业生涯教育课程作为其职业生涯教育体系的核心组成部分，尤其注重就业与创业两大类教育课程。学校可利用其学科门类丰富的优势，设计出紧密关联、相互渗透的就业和创业相关课程，对学生的择业进行有效的指导。此外，这些课程需要也是培养学生职业规划意识和能力的关键载体。

就业教育与创业教育课程着重于个体社会适应性的培养，不仅涉及学科知识的传授，还要求学生参与校外实践与实习。在这种情况下，就业教育与创业教育课程由传统学科课程、活动课程、实践活动共同组成，三者缺一不可。

需要注意的是，学校不应当单方面决定相关课程的设置，而是应当积极倾听学生的意见。为此，需建立学生需求调查机制，定期收集学生对课程内容、教学方式等的期望，以实现课程的精准设置。同时，教育过程中还应遵循"因材施教"的教育理念，根据专业、阶段、类型等的不同，为学生提供有针对性的培养方案。此外，在课程结束后，还应当发放评估表，了解学生的掌握程度以及其对课堂的意见，以此为依据不断完善教学工作。

1. 就业教育课程体系

就业教育所包括的课程内容一般会包含学科课程、活动课程和实践活动三类。

（1）学科课程包括以下5个方面。

①入学教育。这是为贴合大学教育特性和育才目标所展开的一系列活动，此教育针对新生在生活、学习等方面的转变需求，旨在帮助他们迅速融入大学环境，涉及爱国教育、校史教育、专业学习教育等。专业学习教育会详尽剖析就业市场趋势，并详细解析专业的课程架构，为新生提供全面的专业认知，该教育的核心目标在于引导学生深入理解并热爱所选专业，稳固其进行专业学习的信念，各大院校通常会在新生开学初期开展此项工作，分学院、分专业进行。为进一步强化教育效果，现有的入学教育内容应当增加与确定职业目标、培养职业理想相关的知识，以激发大学生的职业热情和动力。同时，建议入学教育开放专业限制，鼓励对特定专业感兴趣的所有学生参与进来，同时还应鼓励学生家长参与入学教育，增进家长对学校及专业的信任与支持，让他们对孩子的专业有更深入的了解，促进学生全面健康发展。

②职业生涯规划。大学生将在这门课程中培养基础的职业规划理念，培育自我发展意识，掌握策划职业路径的技巧。通过此课程，学生能为自己量身定制一份职业规划，指导自身的学习生活。

③专业课程。专业课程内容涵盖劳动法、社保等实务性较强的知识，这些知识与学生未来的就业息息相关。各专业课程的配置因专业特性而异，学生应灵活选择适合自己的学习方式。专业课程的教学除了可采取传统的课堂模式，还可利用网络平台进行。跨学院选课的学生假如出现了课时冲突，便可使用校内网络教学平台随时进行学习，只要修满学时并提交作业，即可顺利完成课业。

④就业指导课是当前高校开展较多、效果较好的职业生涯规划课，其核心内容涉及就业政策讲解和求职技能深层培训，能够帮助学生制作简历、掌握面试礼仪等。

⑤大学生心理健康教育课程能够普及心理知识，教授学生在职场中调适自身心理状态的技巧。针对毕业生提供职业心理指导，能够帮助其克服就业压力，自信地迈向职场。

（2）活动课程包括以下6个方面。

①职业测评。通过使用科学工具对个体的心理特质如天赋、情感偏好、性格

倾向及价值观念等多方面进行深入探究，并结合各类职业特征和岗位需求为学生提供精准的职业定位和职业规划指导。

②生涯人物访谈。让大学生与行业前辈进行深度对话，汲取他们对于职业领域的独到见解和宝贵经验，这不仅有助于拓宽他们的视野，更可帮助其构建潜力无限的人脉网络。

③职业生涯规划大赛能够让学生在比赛中获取职业相关的知识。通过此大赛，大学生得以掌握规划职业生涯的技巧，明晰未来的择业方向。目前，该大赛的影响已遍及全国各级院校。

④团训活动，以强化团队合作为核心，通过拓展训练和心理辅导等多元方式，磨炼学生的协作精神、领导技巧和沟通能力。此举旨在推动大学生进行自我探索、自我认知，进而在调整中实现自我进步。

⑤课堂讨论，教师在课上精心组织讨论环节，直击职业规划、时间管理、能力提升和情绪调控等核心议题。

⑥社会调查，让学生开展社会调研活动，收集与就业相关的资讯，洞察社会行业动态。

此外，还可以开展读书活动，阅读职业相关的书籍，获取更多的职业信息。

（3）实践活动包括以下4个方面。

①走访企业。与主管单位沟通，聆听职场前辈的建议，汲取行业前沿的权威信息。

②专业实习。专业实习属于实践教学环节，不仅做到了理论与实践的结合，也锻炼了学生的专业能力。通过教师的引导和实践探索的磨砺，学生能够逐渐获得驾驭实际工作的能力。

③毕业实习。毕业前的实习阶段，是学生将所学知识付诸实践的重要环节。学生在完成所有课程后，将进入实际工作场景，运用专业知识及基础理论去解决技术难题，锻炼独立工作能力。

④自主实习，校园与职场环境的差异巨大，因此，花时间深入职场，学习职场文化、人际交往技巧、工作规则等对学生来说有很大的益处。

除了以上的实践活动，还可结合学生的具体特点灵活开展社会公益活动和勤工助学项目。各地的爱心协会、公益团体为大学生提供了参与公益活动的平台，大学生若对其进行充分利用可加深自身对社会的认知。同时，大学生在校期间参加家教等勤工助学活动，不仅能够缓解自身的经济压力，还能在实践中锻炼专业技能，为未来的职业生涯打下坚实基础。

2. 创业教育课程体系

基于我国的国情，创业教育的基本目标是培养具有创新能力和创业家思维的新一代复合型人才。根据这一目标，我国的创业教育的主要内容有创业意识、创业个性心理品质、创业能力和创业社会知识结构。创业教育课程门类设置紧紧围绕创业教育的目标和内容来进行。

（1）学科课程。专业课程不一定是大学生在学校里读的专业所包含的课程，还可以是感兴趣的专业。对专业知识的掌握不能仅仅局限于基础理论和简单的应用，还要在课堂之外潜心研究。

创业意识课使学生形成初步的创业意识，帮助学生树立走上社会、主动择业的思想准备。因为我国创业教育的基本目标主要是培养具有创新能力和创业家思维的新一代复合型人才，所以创业意识课（如了解企业创业课）应该作为必修课而开设，当大学生拥有了创业意识，并将创业作为自己的理想时，就可以让他们自主选择和参与更多的经营管理课程和实践活动课程，以达成目标。

经营管理课程是学生经营管理知识的重要途径，经营管理知识包括以下4个方面：①管理知识。创业中掌握自我管理与团队管理的技能至关重要，因此管理知识的学习对于学生来说不可或缺。管理知识的学习并非一蹴而就，而应边学习边实践边思考，这对于大学创业者来说尤为适用。②法律知识。掌握创业基本法务知识，复杂的法律问题交由专业法律顾问处理。③财务知识。掌握阅读财务报表的技巧，以便洞悉公司的发展情况。④营销知识。创业路上，掌握营销技巧与灵活思考能力至关重要。怀揣创业梦想的大学生，在校学习期间应深入学习与营销布局、市场划分、品牌环境等相关的策略知识，并勇于将所学运用于实践。

经管类专业的综合院校在自主开发创业课程方面拥有得天独厚的优势，这些院校可结合已有的教学计划进行课程修订，将部分旧有课程内容规划纳入此类课程中。然而，与一些发达国家的创业课程相比，我国创业课程体系中涉及小微企业创业的内容不足、专业对应性不够突出，需要进一步完善。而目前部分高校存在资源不足的问题，因此在自主开发课程时，需注重校际、学校与社会间资源的共享。

（2）活动课程。当前的大学生创业教育以理论课程为主，致力于帮助学生进行职业生涯规划，当务之急是结合学科课程，引入更多活动课程，比如企业家演讲、模拟企业运营活动等，都是极富启发性的教育活动。

（3）实践活动。参与企业实践活动是最能被大学生接受的创业教育形式，这种形式与传统的教育形式有着本质上的区别，进行创业教育的重中之重是为大学生打造全面的实践平台。除了直接的企业实习，还可以引入行动教学的新模式。师生可共同策划课题或项目，学生自主选择团队和项目，并在学校设立的孵化基地内构建一家有限公司。学校可邀请经验丰富的企业家担任董事会成员，共同应对公司可能遭遇的挑战。资金则由大学、公共或私营机构提供，以助力公司稳健运营。这样的教育模式，既能锻炼学生的实践能力，也能增强他们的商业洞察力。

3. 就业与创业教育课程的协同融合机制

就业教育与创业教育课程体系绝非两个平行系统，大学生在接受基本的就业与创业课程教育的基础上，若具备鲜明的创业倾向，则可选修更多的创业课程，参与的第二课堂活动也应有所侧重。就业与创业教育协同融合机制如图3-1所示。

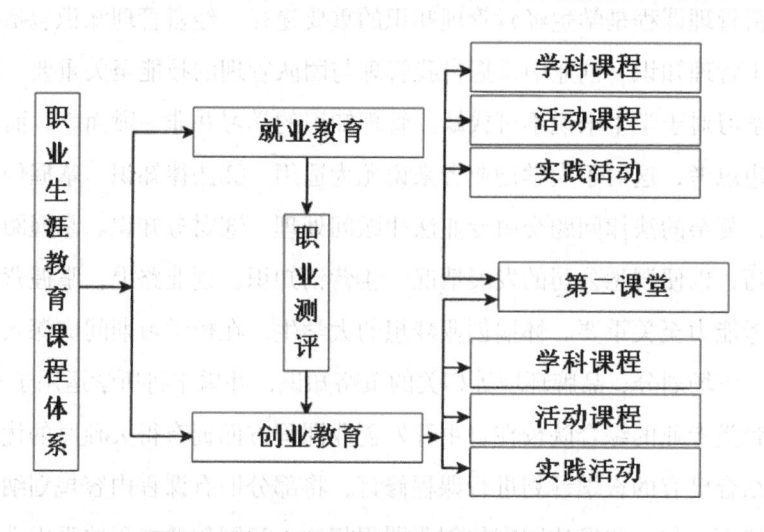

图3-1 就业与创业教育课程的协同融合机制

第二课堂是就业教育与创业教育协同的重要环节，主要在大二、大三阶段开设。经过初步职业生涯教育课程与活动的参与，该阶段的大学生已经树立了一定的职业意识，积累了一定的专业知识，对自身也有一定的了解。基于此，大学生应进一步结合自己的兴趣与爱好发展潜能。

为了利用好第二课堂这个途径实现就业教育与创业教育协同，须重点关注大学生就业基本能力和创业基本能力培养两个方面。

第一，大学生就业基本能力培养。国内外学者在研究大学生就业时，提出了就业力的概念。多位学者给就业力下了不同的定义，但是对于"就业力是个人具备的与劳动力市场要求的能力""就业力包含知识、技能和态度、意愿等多项要素"已达成了共识。多位学者也对我国大学生就业力现状进行了调查研究，发现就业市场存在"两旺两难"现象。"两旺"是指毕业生和劳动力市场供需旺盛；"两难"是指大学生找工作难和用人单位找人难共存。

从当下的就业市场可以看出，部分用人单位对大学生职业素质的认可度不高，已成为大学生出现就业难题的主要诱因之一。为应对此问题，高校应基于学生专业与市场需求，构建起独特的胜任力模型，为学生的成长规划更有效的第二课堂。如此，学校便可系统化提升学生的职业素养和技能，确保其与社会需求紧密对接。

第二课堂活动旨在培养的学生职业素质主要包含四大类别：思想文化类素养、社会工作类素养、文体艺术类素养及职业技能类素养。学生须依据职业规划自主选择参与的类别，但要确保至少参与两种以上，且必修培养思想文化类素养的课程。组织单位将根据学生参与活动的表现，进行合格与否的评定，若未达标，必须在毕业前补修，否则将影响毕业。

第二，大学生创业基本能力培养。创业能力是推动创业活动顺利进行的关键素质，它直接作用于创业实践，是主体后天培养和社会实践锻炼的成果，这种能力并非先天具备，而是在特定的创业情境中，通过不断的实践与磨炼逐渐获得完善的。因此，创业实践活动是创业教育体系中不可或缺的重要组成部分。

在创业教育课程中，教师作为教育主体，应有目的地设计和开展创业活动，如创业竞赛等双边活动，从而达成教育目标和要求。同时，学生作为教育客体，应当积极进行自我教育和自主学习，如申报大学生创业课程。社会实践使得这些课堂活动共同构成了培养学生创业基本能力的教育网络，以实践成果为价值判断，贯穿整个教育过程。

(三)构建学生内部自主互助机制

当前,在我国高校教育体系中,大学生的生涯教育主要围绕学校开设的课程和讲座进行。大一新生会接受专业教育和生涯规划的初步指导;大二、大三的学生则通过参加职业生涯比赛和实习、兼职等积累职业生涯规划相关的经验;到了大四阶段,职业生涯教育的核心内容主要围绕专业实习、就业信息等展开。在职业生涯规划教育的全过程中,一些学生像是被动的接受者,未能深入理解生涯规划的实质与价值。为了改变这一现状,建议构建学生内部自主互助的机制,此机制下,各年级学生不再单一地执行任务,而是组成一个跨年级的沟通群体,这个群体由全年级的学生构成,他们将共同认识生涯规划的各个方面,并与教师共同构建更为完善的职业生涯教育模式。

1. 大一学年

对于处在大一学年的大学生而言,他们正经历着从依赖到自主的转变,在他们的成长历程中,高中时期的教育模式往往以教师和家长的指导为主,而大学则要求他们迅速适应自我主导的学习模式。面对新的学习环境和资源,大一学生常常感到无所适从。

然而,适应新环境的速度直接关系到个人行为模式的形成。对于大学生来说,快速适应校园生活至关重要,有利于为未来的规划打下坚实的基础。在大学阶段,高年级的学长学姐成为新生的最佳引路人,他们不仅可以向新生分享丰富的校内资源信息,还可以传授新生宝贵的学习方式和选课经验,为新生提供参加社团的宝贵建议,这些经验对于新生来说,是快速融入大学生活、找到自我定位的重要指南。

学校应加大宣传力度,拓宽学生的视野,鼓励大学生通过多元化渠道,迅速掌握并理解职业发展动态。大学生应当及时作出职业生涯规划,若规划出现偏差,应在保持状态平稳的同时进行迅速的调整。历届学生的经验和观点可减少低年级学生的迷茫感,使低年级学生在作出决策时多一些果敢和远见,具有前瞻性的视野。

2. 大二、大三学年

在这一关键时期,大学生应当进行自我探索,并深入了解社会职业情况,确定职业发展的目标，对比职业需求与自身能力的匹配度，构建个性化的成长规划。

大二、大三学年职业生涯教育的关键在于职业目标的确定，确定职业目标的基础在于对自我和职业环境的全面认知。除了身边的朋友、亲人以及教师的反馈，大学生还可以利用现代科技手段，如心理测评软件，来深入分析自己的兴趣、性格和价值观，这些工具能够帮助他们根据个人特质找到适合自己的职业，为未来的职业发展指明方向。同时，了解职业环境不应停留在理论学习的层面，更需要进行实践体验。参与社会实践活动、进行同行业经验人士访谈以及从各类资源中汲取经验知识，都是获得职业情报的有效途径。

在职业规划的道路上，单纯依赖软件辅助学生规划是远远不够的，还需要经验丰富的导师进行引导。虽然教师是理想的辅导人选，但现实中特定领域的教师资源确实有限。因此，除了教师的辅助，学生应向那些已经在相关领域有所成就的前辈学习，他们丰富的经验和实战知识能为学生提供更具体的指导。在组建辅导小组时，我们可以根据学生确定的职业方向进行分组。这样，同组的学生不仅可以交流面试技巧，还能共享同行业的职业信息和实践机会。在学生的互相帮助和支持下，每个人都将对自己的职业目标有更清晰、更深刻的理解，为未来的职业发展奠定坚实的基础。

3. 大四学年

大四学年的学生即将毕业，开始进行职业选择，这些学生中，有的选择继续深造，有的投身公务员考试，有的则积极寻找工作机会。该时期不同的学生有各自不同的打算，但大多数学生的重心仍在求职上。除了利用学校提供的就业资源和信息，他们还积极听取已入职校友的宝贵经验，以此为职业发展提供更多的选择。

二、高校职业生涯教育的校际协同融合机制

校际协同融合机制是一种独特的组织形式，旨在融合两所或多所高校的力量解决共同面临的挑战，推动学校整体、教师群体及学生个体的成长。这种合作机制强调各校的平等互利，通过精细的资源整合，实现效益最大化，达到"合则两利"的效果。在保持独立的同时，合作成员之间能够相互借鉴，实现资源共享和

能力的共同提升。详细来说，校际协同融合机制可以让高校共享其他高校的高端科研设施，提高设施使用效率，有效节约教育成本。此外，进行协同的高校还能为学生提供原先没有的课程选择，拓宽学生的知识视野。学生还可以与其他学校的学生共同学习，这不仅能丰富大学生的文化体验，还能增强他们的交流合作能力，为未来的职业生涯打下坚实的基础。

考虑到操作的便捷性，建议校际协同融合以邻近区域的大学为主要的合作伙伴。与地理位置近的高校合作，以办校质量位于前列的高校为核心，构建起强大的"大学联盟"，该联盟应由强校领航，各大高校相互合作，实现校际资源共享，共同探索大学生职业生涯教育的新路径，实现均衡发展的教育格局。

（一）职业生涯教育校际协同融合的途径

1. 教师资源共享

当前，我国职业规划教育的师资力量存在部分缺失，但如果使用外部培训的方式完成职业生涯教育，学生学习的时间又会过长。在这种情况下，参与校际协同的高校可进行教师互聘，联盟内的高校教师可以跨校授课、举办专题研讨会，以知识共享的方式迅速提升教育质量。

2. 共设讲座基金

联盟内各高校可携手创立专项基金，定期邀请各界杰出人士、著名学者及学术团体的代表来到学校开展职业生涯规划研讨会，此举不仅能够加强学校与社会的交流，还能提升学生对未来规划的认知，拓宽他们的视野与思维。

3. 共享教育资源，共建网络课程平台

随着现代信息技术的迅速发展和广泛普及，高校间资源的整合与共享已突破了时空的界限。各类文献、课程资源等皆可借助网络平台在互联网上实现共享。同时，数字化教研平台与远程教师培训平台的建立，以及网络直播与监测评估系统的实行，为线上教研、主题培训等交流活动提供了强大的支持。

在进行大学生管理的过程中，应当保证大学生能够使用各类利于自身发展的资源。为此，北京航空航天大学与海外顶尖的创业管理教育学院合作，对中国创业教育市场进行了探索。

4. 项目协同联动

为实现校际的优势互补与协同发展，应当积极倡导高校间进行项目协同联动。通过对项目进行策划，将最终目标具化为具体任务，保证各高校能够有效地推动项目实现。这种联动不仅能够加强校际合作，更能促进不同高校师生间的合作。

（二）职业生涯教育校际协同融合的保障机制

校际协同融合的进程有时会遭遇教育市场竞争的阻碍，为确保校际资源共享的顺利推进，必须创新保障机制，以推动教育领域的协同发展。

1. 组织保障

大学联盟的成员之间是一种共生关系，要想保证资源共享顺利进行，就必须设定相应的管理机构来协调管理，基于此，应该加强区域管理，成立三级金字塔管理体系。一级管理为"大学联盟"领导中心，由教育部门负责"大学联盟"的领导工作的统筹管理；二级管理是"大学联盟"管理委员会，负责"大学联盟"具体管理工作；三级管理是各个高校主体的自主管理。

（1）大学联盟领导中心。结合教育部的总体规划，各区教育局应结合地方情况统一制定职业生涯管理工作方针政策，并以制度形式固定下来。大学联盟领导中心负责融资、维护和扩大校际联盟的范围、划分经费并审批、监督管理委员会等。

（2）大学联盟管理委员会。大学联盟管理委员会负责制定生涯课程设置计划并监督各高校实施，搭建大学联盟网站、报纸、期刊等交流信息平台，组织各高校专业人员开展生涯课程研究（如专业课与创业课如何有机结合）、组织生涯规划课题申报、组织研讨增强学生实践能力可行性方案、举办生涯规划区域大赛、组织开展生涯规划师资的培训与交流、组织开展职业生涯教育评估工作等。

（3）各高校自主管理。各高校要落实校本课程的建设计划并组织教学活动、申报生涯规划项目并开展研究、组织教师参加培训，实现师资队伍专业化，推动本校学生"留学校外"，充分利用外校资源，开阔视野。

2. 制度保障

政府部门应当创设专门推动教育融合发展的协调机构，配备更全面的政策与法规支持，以打破各高校过去的孤立发展模式。政府应当致力于构建高校间稳固、全面、系统化的联盟关系，从而最大化地服务于经济社会建设。例如：实施学分互换机制，使学生在修读与其职业生涯相关的课程后所获学分能在合作高校间得到承认，只要成绩合格，所学课程学分即可计入总学分；实施财政支持制度，特别为"大学联盟"的生涯教育教学活动、教师培训等工作设立专项经费；实施评价激励制度，用于定期评价区域内职业生涯管理工作，并根据结果实施奖惩，从而推动工作不断完善。

三、高校职业生涯教育的校企协同融合机制

高校是人力资源的培育基地，而企业则是人力资源的实际需求方，二者犹如市场中的生产者与消费者。在竞争激烈的买方市场中，唯有精准匹配供需，才能实现最大化的经济效益。因此，高校作为供应方，应积极寻求与需求方的企业建立合作关系，为企业制定人才培养方案，提高毕业生的就业率和就业质量。双方的协作模式多样，既有正式合作，也有非正式合作。

（一）校企协同融合的正式合作机制

高校与企业之间可借助正式合同缔结契约关系，构建紧密的合作关系。签订合同是双方缔结契约关系的主要形式，此合作模式以利益为纽带，将学校、企业、政府及社会组织紧密融合，形成产学研一体化联盟。联盟间资源共享、互利共赢，共同发展。

1. 校企合作的基本形式

高校以其会聚的科研人才和集中的知识生产能力为优势，但部分高校在资金、工业经验、技术及物质资源方面存在一定不足。相较之下，企业擅长将知识产品转化为商业价值，但在技术创新能力上稍显薄弱。在这种情况下，校企合作能完善二者的短板，实现优势互补。20世纪初，这种合作模式已在高等职业技术教育中获得了广泛的实践。如今，随着大学生就业压力日益加大，本科院校应当积极与企业构建合作关系，以帮助大学生融入社会。校企合作不仅深化了领域间的交流，更催生了多种合作模式，具体包括以下4种模式。

（1）"2+1"或"2.5+0.5"模式。企业积极响应学校的教学规划，为即将步

入职场的学生搭建实践桥梁,有针对性地为学生提供实习岗位,助力其进行实操练习,旨在锤炼与提升他们的专业技能。

(2)订单培养模式。根据发展需求,企业参与制订合作学校的人才培养计划,与学校携手打造针对性强的教育模式,培养符合实际岗位需求的精英人才,对符合条件的毕业生进行直接录取。此种培养模式突破了传统教育的局限,解决了企业技术人才短缺的难题。这不仅为企业量身打造了后备力量,更激发了学生的学习热情,保障了学生的就业品质。

(3)工学交替模式。企业与学校联手,根据行业特性和生产逻辑,精心策划人才培养方案。学生将按一定周期轮换进行企业实践与校园学习,体验真实的工作环境。

(4)资源共享模式。学校运用技术、人才等多元资源,以捐建等方式与企业共享实验设备、实训场地以及技术、人力、信息等资源,共同培养未来的人才。

2. 校企合作的基本运行机制

运行机制是指人类社会活动中各种因素如何相互作用、相互影响,以及这些因素如何发挥功能、产生效应的过程和原理。校企合作的运行机制应有效协调校企间的各种主客观因素,如政策法规、教育体制、经济文化等,促使校企关系的和谐发展,并于实践中不断调整、优化,以适应社会发展的需要。

(1)内部利益机制与保障机制。内部利益机制:任何形式的合作都依赖共同利益所带来的动力,若缺乏利益的驱动,合作将难以深入、持久。因此,为了成功实现校企合作,应找到双方共同获利的结合点。此外,还需要在双方自愿的前提下构建能够不断获利的动力机制。

保障机制:校企合作需要构建健全的管理架构,设立明确各方责任界限的专项部门及岗位。在制度规范下构建评估体系,对合作内容、效果等关键指标进行全面评价,确保合作流程的顺畅高效。

(2)外部导向机制、约束机制与激励机制。外部导向机制,指国家教育行政部门以政策、法规和法律为手段,引导校企合作,构建教育管理新体系,确立校企合作发展的大方向。

约束机制,指企业作为人才需求方,与学校携手承担人才培养的责任。政府则应以法规为工具,对企业行为进行规范和约束。

激励机制,指激励机制能够有力推动校企合作,地方政府可巧妙地运用专项资金扶持和减免税收等策略,为校企合作注入强大的动力。

中国正处于产业升级与经济变革的关键时期,企业面临着扩大生存空间的迫切需求。面对利润不明显的合作项目,企业的参与意愿普遍较低。同时,当前人才市场的流动性较强,在这种情况下,高校无法保障企业投资职业生涯教育的回报。因此,构建校企之间的利益协调机制成为推动校企合作发展的核心所在。

(二)校企协同融合的非正式合作机制

非正式合作机制下校企关系对接的活动包括招聘会、教师入企锻炼等。

1. 兼职招聘会

大学生职业发展初期阶段的核心任务是全面了解职业世界,洞察企业用人标准,通过不断尝试,找到符合个人特质和兴趣的工作岗位。寻找兼职工作机会的途径丰富多样。一方面,学校会在每年六月举办针对在校大学生的兼职招聘会,会有大量企业与会。

另一方面,随着互联网的普及,网络假期兼职招聘也逐渐兴起。不少企业看好大学生放假期间的劳动力价值,纷纷提前在网络上发布招聘广告,为大学生在全国各地的兼职提供了便捷的条件。正式的校企合作胜在稳定,而互联网就业平台的建设,则满足了企业与大学生不断变化的需求。

2. 教师入企锻炼

高校专职教师虽然在校内教学经验丰富,但因接触社会职业生活的机会有限,常常会出现为学生提供职业指导时力不从心的情况。因此,教师需要走出校园,身临其境地体验不同职业环境,了解社会对人才的实际需求,深化自身知识结构,丰富实践经验,从而确保学校的职业辅导工作更加贴合实际,满足学生发展需求。教师入企锻炼的渠道有以下几种:①校企双方联手打造教师实习基地。②教师自行寻找入企机会。③以社会服务的形式磨炼实践技能。在知识经济时代的大背景下,社会高度重视学习型组织的构建。众多企业纷纷寻求与高校的深度合作,开展员工培训、科技攻关等多元化业务。对于高校教师而言,社会服务不仅是知识输出的舞台,更是他们获取宝贵社会经验和锻炼能力的机会。

3. 第三方融资渠道

随着高等教育的普及，高校自身收入有所增加，但仍无法满足高校的发展需求。在这种情况下，高校必须积极拓展外部融资渠道，接受校友捐赠、企业赞助，与各行业开展项目合作，以缓解资金压力，推动自身的持续发展。

四、社会参与职业生涯教育的协同融合机制

（一）媒体与高校协同联动促就业机制

线上线下媒体合作，联合各用人企业，整合招聘信息，开展网络招聘和线上线下就业指导、咨询等活动。例如，"央视新闻"微博、微信、客户端三大新媒体平台，《新闻1+1》《共同关注》等栏目和中国新闻网、智联招聘等机构联合发起了大学生就业公益行动"就业有位来"。活动期间每日发布应届就业岗位信息，网友只要向"央视新闻"新浪微博私信或向"央视新闻"微信发送"就业"，或百度"就业有位来"就可以即时查询最新的校园招聘职位。自第二届活动起，在原线上活动的基础上，增加了一系列线下活动。如由央视新闻主持人、就业指导专家和成功企业家组成演讲团，与大学生面对面交流，提供就业指导、咨询，并录制大学生就业指导公开课，通过新闻媒体与网络平台公开发布。如今，智联招聘等网络媒体仍在与各大高校开展促就业活动，如各校的秋季网络双选会、春季网络双选会等。

（二）"三位一体"心理调节协同机制

大学生心理健康教育是复杂而长久的工程，需要在高校的主导下，联合社会各界力量，构建起多维度、全方位的心理健康教育网络。学校可设立心理援助中心，利用全面普查与精细筛查的手段，对心理有障碍或情绪波动大的学生进行密切关注，再由专业教师进行心理疏导与干预。在这一过程中，家长与社会的参与至关重要。教师与家长应构建平等的合作关系，利用网络、信函和家长会议等途径，交流学生的心理动态，及时对出现问题的学生进行心理疏导。社会慈善团体如红十字会、志愿者服务机构，以及专业的心理咨询中心，可为大学生提供丰富的心理咨询平台，帮助他们与心理专家交流，提升心理素质。学校、社会和家

庭三者合作共建"三位一体"心理调节协同机制,共同为学生的心理健康保驾护航。

(三)政府支持就业创业的协同机制

对于创业者来说,在创业的初期阶段,单靠政府的有限帮扶资金往往难以支撑企业的初期运营。若政府能创新方式,引导更多企业参与新创企业的筹资、运营及利润分享制度,不仅可以减轻政府财政部门的经济压力,还能够有效提高新创企业运营的成功率,使市场中的企业焕发再投资活力。

(四)人才市场整合促就业的协同机制

中国南方人才市场创新性地在大学城设立了人才服务站点,为大学师生与企业搭建了便捷的对接平台,提升了人才服务的效率。此外,该市场还构建了"1+9联动"的工作体系,开展人才租赁、评价等多项服务,配合市高校毕业生就业指导中心工作,全面优化了就业渠道,提升了大学生的就业品质。该市场的这一举措不仅值得全国各地相关机构效仿,更提出了未来人才市场服务模式的重要发展方向。

目前,各地人才市场纷纷设立人事代理、人才租赁、人才培训等部门,为灵活就业群体提供了全方位、一体化的服务。推广中国南方人才市场的协同机制,各地大学生就业工作的效率与质量将会有显著的提升。

五、政府参与职业生涯教育的协同融合机制

为了青年一代的职业成长与发展,政府的公共管理部门应当充分履行职能与义务,运用公共资源与社会媒介来引导青年,为其提供职业政策信息和精准的职业生涯咨询服务。20世纪80年代,美国国会决策并设立了国家职业信息协调委员会,该委员会的成员有教育部、劳工部、商务部、农业部、国防部等部门的领导,负责发布职业与培训计划的详细信息、制定职业发展指导的规范和职业生涯教育的标准。

最近我国全国人才流动中心持续聚焦于搭建健全的就业见习平台。经过不懈努力,我国已成功认定一批高质量的就业见习单位,这些单位专门为毕业生提供珍贵的见习机会,致力于提高大学生的求职技巧和职业素养。除了提供见习岗位,

全国人才流动中心还积极开展多项就业支持政策,为大学生提供免费培训、小额贷款等多元化服务,为大学生提供了更多的职业生涯选择。

(一)完善职业生涯教育体系

1.构建大中小一体化职业生涯教育体系

借鉴美国、日本、德国等国家的职业生涯教育经验,职业生涯教育应从小学或中学阶段开始。早期阶段的职业生涯教育对于个体观念体系的塑造具有重要的作用,能够为个体树立满足自身需求的职业理想、科学规划未来职业奠定基石。

我国当前的职业生涯教育存在不足之处,对此,应借助政府的力量,衔接好中学与大学之间的职业生涯教育。政府教育部门应借鉴国际先进经验,精心设计中小学阶段的职业教育课程,确保其能够科学、合理地引导学生发展。同时,还应建立健全的监督、检查、评价及激励机制,保障职业生涯教育的质量和效果。

当前,相关部门衔接大学与高中职业生涯教育的策略以办讲座、听报告的形式为主。例如,部分高中在学生报考大学前会安排相应的讲座,这些讲座的初衷是让学生更深入地了解报考大学的流程及其专业设置,同时引导学生对未来专业的选择进行自主思考。然而,这种零散的信息传递方式无法充分让高中生认识到未来职业规划的重要性。针对这种情况,我们应当创新引导策略,让与高中生关系密切的人群帮助他们获得与职业规划相关的信息。在我国,大学生作为知识储备丰富的群体,常常会担任中小学生的家教。可鼓励大学生借课外辅导的机会向中小学生普及大学专业的相关知识,帮助中小学生养成正确的专业观念。一些高校已经开始尝试利用实践调查课程,让大学生在高中普及与大学专业相关的知识,这不仅拉近了大学与高中的距离,也为高中生的职业规划过渡提供了有力的支持。

家庭作为塑造个体职业观念的直接引导者,其作用十分关键。随着时代的发展,父母愈加重视对子女的职业生涯教育。然而,部分家长对职业的多元发展、大学教育的内容知之甚少,在对子女的职业规划方面存在一定程度的迷茫和困惑。如果政府与高校能针对这些家长举办专业选择研讨会、开设与培养青年职业意识相关的论坛,便能够为家庭提供更多职业教育的资源,帮助家长充分发挥直接教育主体的力量。

此外,社会职业指导咨询机构也正在蓬勃发展,数量不断增加,将为学生提供更专业的职业规划服务,引导他们及早建立清晰的职业规划,从而确立正确的职业观念。

2. 支持社会培训进高校

在职业发展的道路上,扩展个人的知识面、磨砺工作技能尤为重要。鉴于此,政府应当推行先培训、后就业的指导原则,帮助大学生拥有顺利的职业生涯。政府应当进一步加大劳动预备制度的培训力度,将更多公益性质的培训项目引入校园之中。此外,还应该将社会上的职业培训机构引入高校,让大学生能够接触更广泛、更专业的培训资源。

(二)健全政策保障体系

政府在参与职业生涯教育时,健全政策保障体系是至关重要的。为了构建这一体系,可以从以下几个方面着手:首先,制定和完善相关法律法规,明确政府、学校、企业及社会各界的职责与义务,为职业生涯教育的顺利开展提供法律保障。这些法律法规应涵盖教育资源的分配、教育质量的监控以及教育成果的评估等方面。其次,建立多渠道的资金投入机制,确保职业生涯教育的经费充足。政府可以通过设立专项基金、引导社会资本投入等方式,为职业生涯教育提供稳定的资金支持。同时,加强对资金使用的监管,确保每一分钱都用在刀刃上。再者,加强政策宣传与解读,提高社会各界对职业生涯教育的认识和支持。政府可以通过媒体宣传、政策解读会等形式,让更多人了解职业生涯教育的重要性和意义,从而形成良好的社会氛围。此外,政府还应建立健全的监督与评估机制,对职业生涯教育的实施情况进行定期检查和评估。通过收集学生、教师、家长及社会各界的反馈意见,及时发现并解决存在的问题,不断优化和完善职业生涯教育体系。

(三)构建并健全激励与约束机制

开展职业生涯教育工作的过程是一个漫长的发展过程。高校作为该过程的关键主体,其组织行为具有重要作用。因此,对高校的组织行为进行规范至关重要。同时,为了确保其有效性和高效性,必须在监督和约束的前提下,给予适当的激励。

1. 构建并健全评价考核机制

对职业与创业教育的目标、任务完成情况及达到的层次水平进行价值判断的过程，即职业生涯教育的评价过程。评价不仅是对教育成果的反馈，更意在结合实际情况对教育过程进行调整，其核心目的在于不断完善教育教学过程，以更好地帮助大学生进行职业规划。为了有效评估职业生涯教育的成果，必须预先构建一套完备、统一的评价体系。

应当构建地方性的分层的职业生涯教育评价体系（图 3-2），在以自我评价为主的基础上将自评和他评有机结合起来；以纵向比较为主，并在此基础上将纵比和横比结合起来。

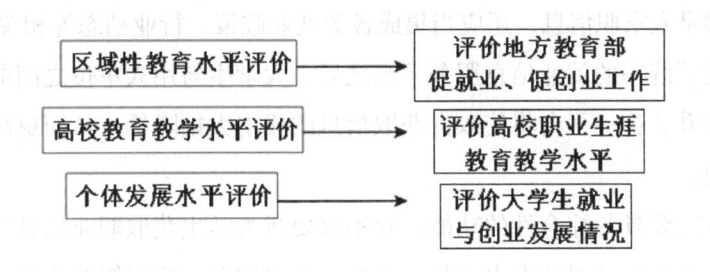

区域性教育水平评价 → 评价地方教育部促就业、促创业工作

高校教育教学水平评价 → 评价高校职业生涯教育教学水平

个体发展水平评价 → 评价大学生就业与创业发展情况

图 3-2 职业生涯教育评价体系

评价指标在设定时要遵循定量与定性、多因性与简约性、科学性与操作性相统一的原则。

2. 构建并完善绩效拨款制度

奖惩机制是一种至关重要的手段，用以引导高校及用人单位等部门有效开展职业生涯辅导工作。与进行个体激励的机制相似，组织激励亦需要充分展现奖励的吸引力。

虽然高校的社会责任性是其经营的核心特征之一，但其在发展过程中也需要一定的资金支持。鉴于此，教育部门应实施合理的经费分配机制，即将相关教育经费的分配和高校职业生涯辅导工作的绩效直接联系起来。

企业在参与高校职业生涯教育工作的过程中，作为用人单位能够获取一定的社会效益，更重要的是，工作附加的经济效益也将激励企业持续参加高校职业生涯教育工作。

（四）构建统一的就业信息服务平台

目前，我国部分高校及网站的就业信息发布呈现出碎片化的局面，影响了大学生对相关信息的获取。因此，政府应当履行引导义务，建立全国统一的就业信息服务平台。

教育部应积极统筹、整合全国各省份、各高校学生的信息。

人社部作为国家重要的行政部门，肩负着监督各省市用人单位招聘信息真实性的职责。其核心目标在于保护求职者的权益，防止大学生遭遇危险，陷入求职诈骗。

政府相关部门应当在就业信息平台的建立与维护方面发挥作用。就业信息平台不仅能够录入求职信息，还应当集成各类就业政策、行业动态等相关信息。

在搭建了统一的就业信息服务平台之后，大学生与用人单位之间的信息透明度将显著提升。这一平台将使双方获取信息的成本大幅降低，从而更高效地实现双方的匹配。

该平台需要具备综合性的功能，它不仅要成为学生获取职业信息的窗口，更要成为助力其职业发展的有力工具。在平台的架构上，应围绕职业发展的全过程进行设计，从职业探索、求职准备、职业发展路径规划到职业能力培养等各个环节，都要有相应的服务与支持。

第四章 高校职业生涯教育与心理健康教育的融合

本章为高校职业生涯教育与心理健康教育的融合,依次论述了高校职业生涯教育中学生常见的心理健康问题、高校职业生涯教育与心理健康教育融合的价值、高校职业生涯教育与心理健康教育融合的对策。

第一节 高校职业生涯教育中学生常见的心理健康问题

当前,部分大学生对职业生涯教育的理解比较肤浅和片面,一些学生在接受相关教育时常常遇到心理问题。相关统计显示:大学生在择业期间普遍存在着程度较重的心理障碍。在职业发展的关键阶段,大学生面临着前所未有的心理挑战,他们不仅要应对学业压力,还要面对生活、就业和社会各方面的压力,这些压力常常导致他们出现各种心理问题。如何精准地诊断并克服这些心理问题,已成为开展大学生心理健康教育的重中之重。

一、大学生职业生涯教育中的不良心理

从大学生择业时的心理活动表现来看,一些大学生缺乏一定的心理承受能力,主要体现出焦虑、急躁、自卑、怯懦、自负、依赖、攀比、嫉妒、急功近利、虚荣、冷漠等心理特征。

(一)焦虑与急躁

在求职的道路上,一些大学生会因前途未卜而出现焦虑心理,他们忧心忡忡

地思考着能否寻得一份既符合自己期望又可发挥专业特长的满意工作，既害怕自己选错了行业，又担心会被心仪的用人单位拒绝。尤其对于那些来自偏远地区、性格内向、有生理障碍或学业成绩不佳的毕业生来说，他们因就业压力而显露出的焦虑情绪更为明显，就业焦虑常常让他们精神紧张、情绪波动、身心疲惫。这些学生往往注意力难以集中，判断力下降，在生活中也常常表现得意志消沉、缺乏活力。另外，急躁也是大学生择业期间常见的情绪反应，这种心理在未能尽早确定职业方向的毕业生中尤为常见，这些学生在急躁发作时往往难以自控、做事极端、情绪波动大，也因此难以理性选择适合自己的择业目标，他们忙碌却没有明确的目标，无法以冷静的心态客观地评估自己的状况，导致很难得到令自己满意的求职结果。急躁心理还体现在学生草率地选择就职企业上。一些大学生会因为急躁心理而在未能摸清企业情况的前提下就与之签约，等到就职才发现不合适。这种心理经常出现在签约较晚的大学生身上。

（二）自卑与怯懦

在生理因素、原生家庭因素及社会因素等各种复杂因素的影响下，一部分大学生长期处于自卑与怯懦的心理状态，一些大学生即使到了求职阶段也无法克服这种心理。自卑是一种来自内心深处的自我否定，往往会使个体缺乏自尊与自信；而怯懦则表现为抗打击能力差、缺乏勇气。在这两种心理状态的综合作用下，部分大学生往往会陷入悲观、忧郁的境地，对未来失去追求与进取的动力，严重阻碍自身才华的展现。在求职过程中，这些学生常常因为自信心的缺乏而低估自己，又由于怯懦而无法落落大方地面对用人单位，与其他求职者竞争。遭遇挫折后，这些学生容易陷入自我否定、情绪低迷的泥沼，甚至有的学生还会出现强迫行为等严重的心理障碍症状。

（三）自负

自负心理与自卑心理相反，是一种自我意识膨胀的心理状态。拥有自负心理的大学生往往过于高估自己，认为自己出类拔萃，难以客观看待自身的能力，他们常常脱离客观实际设定过高的就业目标，展现出没有依据的优越心态。这些大学生在求职时常常自视过高，对单位的要求过于挑剔，导致错失一些与自身发展相契合的就业机会。这些学生的自负心理源于对自我认知的缺乏，这种心态会使他们的职业期望与现实之间产生巨大的落差，这种落差容易导致他们陷入孤独、抑郁等情绪的漩涡中。

（四）依赖

当前部分大学生在择业上显得较为被动，缺乏自主决策的意识和能力。他们常常寄希望于家长和亲友的帮助，而不是积极进行求职活动。这些学生在面对就业选择时往往缺乏主见，不善于独立思考和决策，甚至在选择目标企业时毫无主见，他们在应试时也会寻求同伴的陪伴，而忽视了对用人单位的考察和选择。这种过度依赖他人意见的择业方式，使这些大学生难以适应激烈的市场竞争氛围，很难成功应聘上心仪的。

（五）攀比

在进行职业选择时，部分大学生未能理性审视自身条件，缺乏量力而行的智慧，他们要么过于自我，要么过度在意同学就业的情况，一旦主观上觉得职业选择不如意或逊于他人，就会全盘否定自己的决定，错失就业良机，这无疑阻碍了他们的职业发展。在这种心理的影响下，部分大学生虽然看似选定了职业道路，但却常常会因为盲目攀比而轻易变卦，事后陷入深深的后悔之中。攀比心理往往让大学生无法全面地、准确地认识自己的能力，陷入过于主观且脱离真实情况的自我肯定之中。

（六）嫉妒

部分大学生在人际交往中，常因与他人比较产生落差感，进而引发嫉妒心理，这种心理具体表现为因自身在才能、境遇等方面不如他人而产生怨恨、愤怒等情绪。产生嫉妒心理的大学生无法从内心深处寻找问题的根源，而是以客观因素为借口，不为自己负责，转而责备他人。这类学生常常将他人的长处视为对自己的威胁，产生无法消化的心结。由于个性特质和职业选择的多样性，大学生在就业市场上往往会收获不同的就业环境和待遇。一些学生能够顺利进入条件优越的企业，获得丰厚的薪酬和良好的发展机会，一些学生选择到相对艰苦的单位就业，还有一些学生仍需寻找合适的职业机会，这些学生境遇的不同反映出了学生就业质量的差异。部分大学生会因与他人的差距产生嫉妒心态，功利地追求短期利益。

(七)急功近利

在现今市场化的就业背景下,一些大学生的价值观念逐渐功利化,这些大学生往往对职业抱有过于理想化的期待,过分看重物质利益和舒适的生活条件,脱离了实际的社会需求,他们倾向于选择条件优越的职位,偏爱大城市而轻视偏远地区,纷纷涌向外资企业、大型机构、企业集团和发达沿海地区,他们追求地位、金钱、房产,却忽视了自身专业技能的培养和对未来的发展规划。而若在求职的道路上受挫,则会引发他们悲观、失望与消极的情绪。这些大学生可能会暂时获得物质好处,但从长远看,他们的行为迷失了方向,不利于个人价值与社会价值的实现。

(八)虚荣

在职业选择过程中,一些学生过于追求物质享受,以自我为中心,将所谓的优越职业作为理想目标,他们渴望成为众人瞩目的焦点,成为他人羡慕的对象,这种虚荣心理导致他们脱离现实。一旦无法满足这种虚荣心,他们便会深感挫败、情绪低落,甚至一蹶不振,陷入自我怀疑的深渊。追求理想工作环境是人之常情,但若仅主观、片面地追求就业条件,而忽视社会现实,便会导致自我定位与用人单位的实际需求脱轨,从而难以找到合适的工作。当今社会对复合型人才的需求十分迫切,用人单位对大学生综合素养的要求日益提高。若大学生沉迷幻想,不积极提升自身能力,只看重物质条件,缺乏实际能力,将错失宝贵的就业机会。

(九)冷漠

一些大学生满怀憧憬踏入社会,面对残酷的市场竞争,由于经验不足和精神脆弱,他们往往在遭遇挫折后感到力不从心、信心受挫,无法坦然面对失败,甚至因此出现待人疏离、悲观失落、意志消沉等心理问题。部分大学生会变得不求上进,对世界失去热情,对生活产生怀疑,冷漠是他们逃避现实、缺乏斗志的体现,使他们长期对未来感到迷茫。

二、大学生就业心理压力的来源

除了市场需求的直接压力和现实压力,毕业生所面临的就业心理压力还源于多方面的因素，如对社会的整体认知不足和自我定位不够成熟、学校教育相对滞后、社会问题和家庭对个人产生了消极影响等。大学生就业心理压力的来源主要包括以下六个方面。

（一）理想期望不符合社会现实

刚踏入社会的大学毕业生常常怀揣着开创一番伟大事业的梦想，他们热衷于在激烈的竞争中寻找自己的职业定位，渴望实现个人的职业理想和自我价值。然而部分大学生由于缺乏社会经验，对自身能力和现实世界的理解不够深入，他们的职业期望与实际社会需求之间往往存在较大差距，他们有着过高的择业期望，未能充分考虑自身条件与未来职业的匹配度，也未深入思考所选单位是否有助于个人成长，对自我的定位往往高于社会需求和个人实际能力，也因此在遭遇挫折后，容易陷入惶恐和失望的情绪中，进而失去竞争的信心。

（二）自我能力不符合社会需求

不少大学生对就业市场信息掌握不足，对自己的定位不够准确，缺乏专业的技能储备，在求职过程中常常处于劣势地位，这种情况使他们在面对激烈的竞争时会感到焦虑、恐惧和自卑，久而久之，便陷入紧张的情绪中，降低求职的积极性。有的大学生担心自己的能力不足，甚至不敢主动投递简历或参加面试，这无疑增加了他们找到理想工作的难度。还有一些大学生执着于专业对口，而忽略了其他机会。另有一些大学生在求职时，过分关注企业的福利待遇，而忽视了自身能力与职位的匹配度。更有部分经济困难的大学生，迫切期望迅速找到一份理想工作以改善自己及家庭的境况，当这种期望难以实现时，他们便会感受到巨大的压力。当代大学生需要以积极心态面对就业问题，精准定位职业目标，持续提升自身的能力，使之与社会需求相契合。

（三）个人价值与社会价值的矛盾

社会主义市场经济的成熟发展及自主就业政策的落实为大学生提供了实现个人价值的广阔舞台。与此同时，如今的大学生在择业过程中也出现一些问题，如过分计较得失、忽视个人社会价值的实现等。部分大学生不顾国家和社会的长远利益，在选择工作时的取向过于狭隘，更有甚者陷入了对名誉、金钱的盲目追求中。这种自私自利的社会风气不利于大学生承担时代赋予青年的使命，部分大学生甚至会为了自己的利益不择手段，脱离集体，毫无社会责任感。马克思曾说："人们只有为同时代人的完美、为他们的幸福而工作，才能使自己也达到完美。"[①] 这种价值观在当今社会发展的过程中不可或缺，它强调个人对社会和人民的积极贡献，赢得了人们的认可和追求。个人的成长和发展与社会的繁荣密不可分。

（四）自我意识强，但自我把握能力弱

职业选择是个人价值观的真实反映。经过四年的大学生活，大学生的自我意识得到了发展，逐渐明确了自身的存在价值和意义，他们往往期望找到一个能够满足生活需求，同时也能展现才华的工作，并渴望在工作过程中获得来自社会的认同感。鉴于大学生年轻稚嫩，人生经验尚浅，自我意识仍在发展中，他们在评价自己时难免会有偏差，他们中的一部分人对自己的能力过度自信，进行职业规划时会轻视工作的价值；一部人又自卑到贬低自我，陷入设定目标过低的择业误区中。这些大学生无法在择业过程中准确地评价自己，当择业顺利时，可能会沉溺于一时的快乐之中，忘却了应有的冷静与理智；而当遭遇就业挫折时，又可能陷入烦躁之中，甚至自暴自弃。这种情绪的波动，反映出这些大学生缺乏自我调控的能力。这种现象符合青年人心理发展的规律，对于大学生而言，如果他们在择业时抱有过高的期望，未能以客观的态度来认识自己，那么他们可能会过多地考虑利益，这样的行为模式，往往会导致他们的职业价值取向过于功利化。

（五）缺乏脚踏实地的敬业精神

如今一些大学生对自己抱有较高的期望，对未来职业生涯充满了热切期待，他们渴望在未来的工作岗位上凭借自己的努力和才华打造出一片属于自己的天地，他们期待着能在事业上有所建树。尽管如此，他们中的一些人却并不想在艰苦中磨炼自己，希望一入职就能够获得良好的发展空间，在较短的时间内取得成就，他们常常幻想，但无法真正地开始，没有从基层开始实践的觉悟。一些大学生陷入了攀比虚荣的误区，他们期望在知名度较高的企业里拥有更好的工作条件

---

① 天津市社会科学界联合会，中共中央编译局马恩室. 马克思恩格斯学说集要：下 [M]. 天津：天津人民出版社，1995：3601.

与待遇。这种典型现象反映出一些年轻人过度追求享乐、排斥吃苦敬业的价值观。在职业选择的关键节点，一些大学生受畏难心理的影响，往往会不自觉地束缚自己的职业选择，从而难以找到心仪的工作。

（六）缺乏竞争勇气

国家自主就业制度的实行，为大学生开放、公正地竞争职业提供了宝贵的机会。这一变革得到了广大学生群体的热烈支持，他们深知竞争的浪潮已经席卷至社会生活的每个角落，在他们的眼中，竞争不仅是社会前进的驱动力，更是个人成长与发展的催化剂。在健康的竞争环境中，大学生可以展现他们的才华，实现他们的职业抱负。然而，面对市场残酷的竞争态势，一些学生却显得信心不足，心理准备不充分，往往因为缺乏勇气而无法勇敢地参与竞争。例如，有的学生在公平竞争的环境下，却坚决避开与舍友、同学的竞争，担心自己的选择会伤了熟人间的和气；一些学生养成了让他人照顾自己的习惯，安于现状，没有独立生活意识；有的大学生的毕业观念仍旧拘泥于传统模式，认为如今的就业政策依然是"统包统分"，他们的思想尚未跟上现代社会的快速发展，仍旧在等待着学校的推荐，而不是主动融入就业市场；有的大学生畏惧与他人公平竞争，想依靠亲友关系获得就业岗位；还有的大学生在选择职业时遇到了阻碍，却无法适时调整自身的就业目标，时常会有严重的心理负担，他们在面临激烈竞争时，常表现出逃避态度，无法把握工作机会。

三、大学生的就业心理误区

心理误区是指个体在心理层面上，尤其是在认知和个性层面陷入了难以自主察觉、自主挣脱的困境。心理误区与心理障碍有着共通之处，但并非与之等同。大学生群体往往因为未经社会磨炼、自身经验不足、自调适机制较为脆弱等，发生较大的心理波动，进而陷入心理误区。

（一）职业需求模糊

大学生刚刚结束十多年的校园生活进入社会，对社会情况的认识比较模糊，因而也无法把握贴合自己实际情况的职业定位，他们在找工作时其实更关心所任职单位的社会知名度、单位的地理环境、待遇的优劣等，并未将个人的成长与职业的规划作为首要考虑的因素。一些大学生很难在毕业之初就明确自己未来的职业方向。要真正地认识自己、理解他人及洞察社会，他们必须通过现实生活的锤炼和磨砺。唯有获得了相应的经验，才能作出更合适的职业规划。对于大学生而言，首要的任务是对自己负责，发展独立思考能力，只有这样，他们才能真正脱离父母、教师的帮扶，更好地审视自我，逐步确定自己的职业需求。

（二）职业期望过高

大学生如同未经雕刻的美玉，蕴含着无限的可能性。但要想让自身的潜能于择业有益，大学生就必须不断磨砺自己，使个人的能力精准贴合市场需求。实际上，一些大学生仍旧存在着无法客观评价自己的问题，他们过于高估自己的能力，求职时常常将待遇与收入放在首位，却忽视用人单位的用人要求。实际上，用人单位招聘时，主要考虑的是求职者能为单位带来的效益。职业期望过高不利于大学生的就业，即使他们成功就业，也可能会因为期望与现实的落差而产生强烈的失落感，进而对自己的工作产生不满。每一位大学生的家庭环境、就业资源、能力和职业理想各不相同，这就要求大学生不能盲目从众，必须结合自身的实际情况去思考和规划自己的职业道路。例如，一些大学生出身并不富裕，肩负着家庭的厚望，同时又有考研的梦想，即使考研失败，仍继续坚持而不顾其他，这些大学生应该考虑自己的家庭背景和实际情况，更加全面地思考自己的未来规划，平衡家庭期望、个人资源和自身的职业目标。

不少大学生重视初次就业，他们认为，如果刚开始就业时选定的起点较低，未来就会很难调整。还有一些大学生暂时选择不就业，而是为考研设置了较高的院校目标。这些大学生追逐全方位的优势，要求自己未来的就职单位要待遇丰厚、专业对口、通勤方便等。还有的大学生宁愿在要求较低的企业做"鸡头"，也不愿意在要求较高的企业做"凤尾"。我国的一线城市经济发达、就业机会多、任人唯贤，同时也有较大的生活压力。所有大学生在就业时都需要权衡利弊，了解自己的兴趣和目标，在众多的选择中找到最适合自己的选择，在这个过程中，他们需要保持清醒的头脑，不被他人的选择影响。

（三）心理准备不足

选择合适的职业是大学生迈向人生新阶段的起点。大学生一生总要面临各种选择，而在所有选择中，职业选择具有举足轻重的地位，对个人的未来发展影响深远。职业的种类繁多，社会环境又复杂多变，要想在万千选择中挑选出最适合自己的职业道路，对大学生来说是一项很大的挑战。大学生踌躇满志地迈入充满机遇与挑战的人才市场，往往是不能一帆风顺的，有可能会遭遇挫折。面对这一现实，一部分没有心理准备的大学生会感到手足无措。当然也有大学生在考察市场情况后，认为人才市场供不应求，因此开始对自己产生过高的评价，甚至有的大学生会随性对待工作签约，破坏了自己在用人单位中的风评；还有一部分大学生获得了多个单位的录用通知，反复权衡利弊，却迟迟没有作出决定，超出企业给出的签约时限。

第二节　高校职业生涯教育与心理健康教育融合的价值

当前研究表明，职业生涯教育的核心理念与现代心理健康观念正在日益融合，呈现出互相依存、相辅相成的关系。高校职业生涯教育与心理健康教育相结合，为大学生实现职业理想提供了重要的帮助。合格的职业规划教育能够为大学生指引方向，帮助其确立职业目标，找到心仪的就职单位。反之，若大学生没有接受较好的职业生涯教育，长期放纵，对未来职业毫无规划，就可能会在初入社会求职时错失良机。大学生在求职过程中多会感到理想职业和实际求职情况存在差距，不少学生会因此深感迷茫和痛苦，甚至有的学生会因此出现较为严重的心理问题。在这种情况下，为这些无法缓解压力的学生提供心理疏导与支持显得尤为重要。大学生在培养自身的职业素养时，必须有健康的心理条件的支持。而职业生涯规划作为连接自我认知与职业的桥梁，能够实现心理健康教育目标与学生技能水平、情感的动态统一。因此，高校职业生涯教育与心理健康教育的融合具有巨大的实际意义。

一、有助于大学生减少择业心理困扰

有关调查显示："大学生认为成功就业条件（除专业知识外）的前五位依次是：个性和心理健康水平、职业生涯发展能力、思想道德修养水平、实践和创新能力、

与人沟通和合作能力。"[1]结合这一调查结果，我们需要思考如何帮助大学生科学规划人生道路，使其在求职的过程中保持坚韧不拔的斗志，在克服内心的恐惧的同时不断提升自己的竞争力。职业生涯教育与心理健康教育的融合，能够助力大学生深入思考现状与自身的兴趣，精准评估自身的能力与不足，从而制定出符合自身发展路线的人生规划，作出更为合理的职业选择；有利于使大学生正视自我，在评估理想与现实的落差后发挥个人能力，通过培养良好的心理素质，为个人未来的职业发展铺设坚实的基石，最终成为更好的自己。

二、有助于大学生做好就业前的心理准备

结合以往成功就业的案例，我们能够发现找到心仪工作的大学生的共通之处：他们大多能够战胜自身缺陷，突破职业道路上的重重阻碍。这种成功与职业生涯教育和心理健康教育的融合密不可分，具体体现在以下三个方面。

（一）有助于大学生形成健康的择业心态

大学生择业心态的积极与否，是决定其职业目标能否顺利实现的关键因素。随着现代人社会生活压力的增大，心理问题开始成为人们越来越关注的问题。部分大学生在择业期间出现了较为严重的心理问题，如果不及时寻求心理帮助，这些心理问题可能会对其后续的择业造成阻碍。在求职过程中，一些学生被固有的思维模式所束缚，难以突破未成熟思维的限制，只会参考热门的发展规划。例如，近几年来，社会盛行"考研热""考公员热"等。据四川日报报道，"2023年度国考招录计划招录3.71万人""最热岗位竞争比达6000∶1"[2]，而有的岗位却很少有人报考，这一现象也反映出当代社会人在求职过程中存在着一些心理误区。多数人热衷于追求社会认同度高、待遇优厚的职位，不少人也出现了从众心理，误以为大家争相追逐的岗位就是最佳选择，却忽略了个人特质与兴趣与工作的匹配。因此，将职业生涯教育与心理健康辅导相结合，对于大学生而言尤为重要，这有

---

[1] 何苗，张静，宇业力. 大学生职业生涯发展教育在大学教育中的定位研究：来自南京市五所重点大学的调查报告[J]. 高教探索，2007（6）：118-122.

[2] 2023国考报名截止 热门职位竞争近6000∶1[EB/OL]（2022-11-04）[2024-3-27]. https://finance.sina.com.cn/roll/2022-11-04/doc-imqqsmrp4828357.shtml.

助于他们明确自身在社会中的定位,塑造理智的求职心态,并制订符合个人实际情况的生涯规划。

(二)有助于大学生形成良好的心理素质

在现今竞争激烈的社会背景下,心理素质已成为衡量个人能力的关键指标。21世纪所需的人才应具备勇于冒险、锐意进取、积极合作、充满创意的特质,这些品质的形成都离不开优秀的心理素质基础。良好的心理素质是个人素质的重要组成部分,贯穿于提高个人整体素质的全过程。职业生涯教育与心理健康教育融合,有助于大学生形成职业竞争意识,正确看待择业和职场生活中的成功和失败,帮助大学生养成批判性思维,如此一来,大学生便能够适应现代社会的快速发展,以沉稳的态度应对职业生涯中的各种情况。

(三)有助于大学生进行正确的自我定位

一个人必须拥有清晰的自我认知,才能精准地定位自己,选择适合自己的发展路径,即便在看似普通的岗位上,也能实现自我价值。大学生在职业生涯中要实事求是,结合自身的性格特征与实际情况规划自身的职业生涯。盲目追随他人的发展道路,不仅无法达成预期理想的效果,还可能让自身的发展陷入停滞。而高校职业生涯教育与心理健康教育的融合,能够帮助大学生全面了解自己的性格、能力、兴趣等各项特点。除此之外,心理学领域还深入探索了个体气质的多样性,不同气质类型的人在职业选择上会展现出不同的倾向,这些心理学规律为大学生的自我认知与定位提供了宝贵的参考。

三、有助于大学生作出合理的生涯规划

心理健康教育与大学生职业生涯教育是互有交集的教育,二者相辅相成,共同致力于大学生的自我发展。随着社会压力的加剧,不少学生因求职、学业等方面的压力而面临心理困境,甚至选择走向极端。这一现象的发生更凸显了将职业生涯教育与心理健康教育紧密融合的迫切性。健康的心理是大学生发展的前提条件,对大学生实现自我价值和融入社会意义重大。心理健康教育与职业生涯教育的融合不仅有助于学生形成良好的心理状态,更能为他们的未来道路指明方向,帮助其进行科学的生涯规划。

（一）有利于大学生找到合适的职业目标

习近平在天津人力资源发展促进中心与应聘者交谈时曾鼓励青年大学生怀抱远大的志向，转变就业观念，以务实的态度面对择业，投身于基层和艰苦地区，踏实地走好人生的每一步。大学生在设定职业目标时，应当从自身实际情况出发，明确个人的发展方向，只有明确了求职的方向，他们才更有动力。职业生涯的规划，首要任务是确立好个人的目标。将心理健康教育与职业规划教育相结合，有助于大学生在确定个人发展目标时保持理性的就业心态，避免盲目追求高远的目标，有助于激发大学生的个人潜能，帮助他们更有针对性地制定更加适合自己的目标。

（二）有利于大学生顺利实现择业目标

职业生涯教育的成效直接关系到大学生能否顺利达成择业目标，而心理健康教育也能够对大学生就业起到促进作用。心理教育与职业生涯教育融合能够培养大学生主动推销自己的意识，引导大学生把注意力从浮于表面的职业选择转移到真正适合自己的职业道路上来，在众多职业选项中找到最贴合个人特质的理想工作，帮助大学生树立终身学习的观念。只有当大学生真正学会适应充满竞争的就业环境，才能在求职碰壁的时候调整好自己的心态，调动行动力解决择业时遇到的挫折，在挫折中获得成长，并从中汲取经验，最终找到理想的工作。

（三）有利于大学生更好地适应职场

初入职场的大学生面对各种挑战和压力时往往难以迅速适应，他们可能会遇到人际关系处理的难题，不懂得如何与同事、上司有效地沟通与互动；也可能难以根据职业环境的快速变化适时调整自己的期望值。新的工作环境和职业要求，对大学生来说是全新的挑战，融入其中需要时间和努力。在这个过程中，大学生通常会经历一段心理上的不适应期，他们可能会感到迷茫、焦虑，甚至有些无所适从，这种心理压力如果长期累积，可能会对他们的心理健康产生不良影响。马克思认为："在选择职业时，我们应该遵循的主要指针是人类的幸福和我们自我的完美。"[1] 对于新就业的大学生而言，学会自我反思至关重要，他们应当及时审视

---

[1] 马克思，恩格斯. 马克思恩格斯全集：第四十卷[M]. 中共中央马克思恩格斯列宁斯大林著作编译局，译. 北京：人民出版社，2016：7.

过去的不足，增强自身的适应能力。在这种情况下，心理健康教育能够起到很大的作用，为未来的职业生涯打下坚实的基础。

总的来说，心理健康教育的地位在大学生职业生涯教育中不容忽视。大学生的心理素质能够影响其未来的职业生涯。只有将心理健康教育与职业生涯教育深度融合，使二者互为支撑，大学生才能最大限度地发挥出个人潜力。

第三节　高校职业生涯教育与心理健康教育融合的对策

一、明确和坚持两者融合的基本原则

职业生涯教育是有针对性地、系统化地引导个体学会规划其职业生涯，提升自身综合职业能力，从而实现个人职业成长的活动。而心理健康教育则依据个体身心成长规律，巧妙地利用心理学方法，帮助个体养成良好的心理素养，推动个体全面素质的提升，其核心是适应与发展。职业生涯教育和心理健康教育具有不同指向，前者指向学生与外部世界的关系，是向外的；后者指向学生与自我的关系，是向内的。职业生涯教育与心理健康教育融合的基本原则主要有以下四个方面。

（一）明确和坚持系统性原则

职业生涯教育与心理健康教育融合是一项系统性工作，不仅涉及心理系统和生理系统，还涉及家庭系统、学校系统和社会系统。一方面，学校要从制度体系、运行机制、课程设置、活动安排、保障机制等方面进行系统谋划，把职业生涯教育与心理健康教育融合列入学校整体规划，并充分发挥学校各层面组织系统的特定作用，构建科学化、系统化的融合教育模式；另一方面，学校要注重与家庭和社会的合作，广泛调动有利于推动职业生涯教育与心理健康教育融合的各方面资源和力量，形成融合育人的合力。

（二）明确和坚持主体性原则

职业生涯教育与心理健康教育融合的目的是促进学生的发展，因此必须以学生成长的需要为根本着力点，充分尊重学生的主体性地位，要深入调研学生的

基本情况，了解其心理状态、行为特征、能力特长、职业理想等，分析学生在心理方面和职业发展方面遇到的难题，并以此为基础确定职业生涯教育与心理健康教育融合的具体目标、教学重点和教学途径等。在课程设置上，要让学生参与课程的设计、实施和评价等，让学生成为职业生涯教育与心理健康教育融合的重要推动者。在教学内容选择上，要选取与学生生活实际紧密相关的学习内容，让学生充分认识到所学内容和自身成长的关联性，提升学生学习的积极性。在融合教育的实施过程中，需要根据不同专业、不同性别、不同个性特征，有针对性地、差异化地开展融合教育，注重激发学生的创造力，让每个学生都能从中受益。

（三）明确和坚持阶段性原则

学生的身心发展具有阶段性特征，在不同阶段面临不同的职业发展问题和心理健康问题。比如，刚入学时多数学生可能面临的是入学心理适应问题，而对职业问题考虑较少；而临近毕业时更关心的是就业问题，同时心理问题也会伴随产生。为此，高校需要建立阶梯化的培养思路，根据学生的不同发展阶段合理安排融合教育的内容和形式，有针对性地解决学生面临的主要问题。例如，大一年级重点培养学生的自我认知能力、大二年级重点培养学生的职业认知能力、大三年级重点培养学生的社会认知能力等。

（四）明确和坚持实践性原则

对于职业生涯教育与心理健康教育融合而言，通过让学生参加社会实践和劳动实践，能够充分激发学生对生活的热情，不仅能促进学生身心健康发展，还能让学生在实践中逐步形成正确的职业观和明确的职业理想。在实施融合教育的过程中，需要把实践活动与理论学习有机结合起来，设计学生喜闻乐见的活动形式，让学生参与进来、行动起来、施展出来。通过综合实践、社会实践等，分阶段、有重点、循序渐进地培养学生的认知能力、适应能力和规划能力。同时，还要注重发挥学生团体在实践中的重要作用，为学生营造积极的合作环境，让学生形成合作奉献、协同创新等良好职业精神。

二、合理构建两者融合式教育模式

(一)梳理教育模式构建的基本思路

以培养德智体美劳全面发展的高级专门人才为目标,树立"大心理健康教育观",坚持把心理健康教育作为德育与思想政治教育工作的重要组成部分,突出积极心理品质在学生职业生涯中的基础性、关键性作用,从全面强化心理健康教育向全面强化心理健康服务转变、从关注问题向促进积极心理品质形成转变,将关注个体发展与关注社会适应有机结合,将个人成长与职业成才有机结合,通过职业生涯教育与心理健康教育融合的教育全程化、课程体系化、手段多样化、师资多元化等新路径和新方式,全面提升学生的心理健康水平和职业发展能力。

(二)明确教育模式构建的基本理论

1. 坚持课程统整理论

学生将要面对的真实世界具有整体性且日趋复杂,因此学生必须具备积极的心理品质,主动适应社会生活,不断更新知识、建构意义、发现问题、解决问题。由于分科教学强调序列性、层次性,显得零散僵化,已无法满足社会发展的需要,为了弥补分科教学在这方面的弊端,将课程进行统整让学生形成更加宏观的图景十分必要。课程统整不只是知识内容的统整,还包含自我的统整,自我与知识的统整,知识、情感、态度和价值观的统整等。将职业生涯教育与心理健康教育融合起来开展活动,能够激发学生将自我认识与探索知识有机结合,促进学生理解职业和专业技能对自身的意义,帮助学生将职业生涯规划与自身经验进行整合,将复杂的知识体系简易化、生活化。

2. 坚持全人教育理念

全人教育理念建立在对传统教育弊端的反思基础之上,是人本主义学说的重要教育理论,其最大的特色是强调人身体和心理的全面、和谐发展,倡导完全人格的教育。职业生涯教育与心理健康融合教育秉持全局观和整体观,在关注学生认知和技能发展的同时,遵循大学生的身心发展特性和生涯发展特点,重视学生心理健康、人格健全、社会能力的培养等,帮助学生审视自我并找到人生的目标和价值。

3. 坚持积极心理学理论

21世纪初，积极心理学成为心理学界研究的热门内容，国内外学者对个体积极心理特质的培育与研究产生了浓厚兴趣。积极心理品质如同一座稳固的桥梁，连接着个体的先天潜能与外部环境教育，不仅塑造了人们积极的思想、情感和行为方式，更是奠定幸福人生的基石。教育领域积极心理品质的探索与运用，为人类追求美好生活提供了新的视角和路径。传统心理学关注学生的焦虑、狂躁、抑郁等心理疾病或心理问题，而积极心理学关注学生的感恩、力量、勇气等积极心理品质。职业生涯教育与心理健康教育融合重在培养学生积极的人生态度和心理品质，让学生树立信心，形成良好的世界观、人生观、价值观和心理品质，为终身发展奠定基础。

（三）规划融合式教育模式的构建过程

职业生涯教育与心理健康教育融合的教育模式构建共分为以下四个阶段。

第一，调查分析阶段。通过问卷调查、实地访谈等方式，了解开展职业生涯教育与心理健康教育融合的特征、存在的问题及其深层次原因，为有针对性地开展融合教育提供现实依据。

第二，理论研究阶段。通过收集和整理大量文献资料，及时了解和掌握国内外研究进展，寻找职业生涯教育与心理健康教育融合的适配理论和创新方向。

第三，行动研究阶段。从职业生涯教育与心理健康教育融合实际需求出发，师生一起参与"四位一体"教育模式的构建与探索。

第四，实践总结阶段。总结国内外一流高校开展职业生涯教育与心理健康教育融合的教育经验，在遵循高等教育人才培养规律和学生身心发展特点的前提下，对职业生涯教育与心理健康教育融合的教育模式进行不断完善。

（四）建设一个平台、四级网格、一个体系

第一，建设融合式教育的信息技术平台。该平台创造性地将大数据、云计算、互联网等信息技术与职业生涯教育、心理健康教育高度融合，通过利用可视化、形象化的分析工具对数据进行分析处理，加快数据开放共享，推动优质资源整合，增强了职业生涯教育与心理健康教育融合的时效性。

第二，建设融合式教育的四级网络。第一级网络由校级部门组成，主要职责是：各部门紧密配合，制定完善的积极心理健康教育制度，督促检查各项工作，从教育管理方面支持和帮助心理健康教育工作的开展和落实。第二级网络由专职心理健康教师、职业生涯教师组成，主要职责是：开展积极心理健康教育工作的交流和技能培训；建立和完善心理咨询辅导中心；在积极心理学理论的指导下，通过团体辅导和个别咨询相结合的方式开展心理健康教育活动，全面了解并掌握在校学生的心理健康状况。第三级网络由班主任和学科教师组成，主要职责是：将积极心理学的理念以学科渗透、主题班会等方式融入学生的学习中，在班主任和学科教师的引导下，教育、管理和帮助学生成长。第四级网络由学生组成，学生自身通过主动参与班集体建设、校园文化活动、学科竞赛等获得积极情感体验，形成积极的心理品质。

第三，建设融合式教育的师资体系。为提升职业生涯教育与心理健康教育融合式教育的教师能力水平，要依托高校生涯教育研究中心和相关社会机构，制定生涯导师和心理咨询师培训标准，明确培训课程内容及培训考核要求。以专家培训为支撑，以证书考核为手段，率先在国内开展生涯导师和心理咨询师能力证书培训，并实行"生涯导师"和"心理咨询师"持证上岗制度，为全面开展职业生涯与心理健康融合教育奠定坚实师资基础。

三、设置大学生职业生涯心理辅导课程

职业生涯教育与心理健康教育融合需要通过课程教学来实现，因此需要设置大学生职业生涯心理辅导课程，有效地帮助大学生自我觉察、扩大职业探索范围、增强不同层次行动力、提高综合素养，以增强其就业竞争力，同时还有利于促进学校的学风建设，实现对大学生的综合性教育。

（一）明确课程目标

课程作为育人的重要媒介，其目标设置是实现教学成果的关键。所谓的课程目标，其实就是指我们想要通过课程实现的预期成果，它能够将培养目标具体化到课程内容中，从而形成课程的整体框架。职业生涯心理辅导课程的目标分为总体目标、认知目标和情感目标。

1. 总体目标

职业生涯心理辅导课程的总体目标是促进大学生发展，具体通过协助大学生自我探索、协助大学生职业生涯探索、协助大学生拟定职业生涯规划和作出职业生涯决策，促进大学生的职业生涯成熟和潜能开发。

2. 认知目标和情感目标

人的心理由认知领域和情感领域构成。认知是人对客体的判断，情感是人的内心体验，是人这个主体对客体是否满足自身需要而产生的态度评价和情绪体验。情感是人的一种价值取向，是主体对其他人和事物的一种认识和能动反映，涉及价值观、人生观等心理品德层面。人的发展是按照认知、情感两个向度进行的，即通常所说的认知与非认知向度。我们将职业生涯心理辅导课程的目标区分为认知目标和情感目标。

（二）打磨课程模块

模块指的是组成知识的各个不同的功能部件（组件），它反映了学习内容不同但相互关联的知识内涵。具体而言，大学生职业生涯心理辅导的内容可分为认知模块、认识模块和职业生涯规划方法与技巧模块。

1. 认知模块

认知模块的教学对于大学生的成长发展起着至关重要的作用。通过这一模块的学习，学生将得以觉醒职业生涯发展意识，深入掌握其所选专业的多方面信息，并了解基础心理知识，厘清专业学习与人格健康之间的内在联系，进一步明确专业学习与未来职业之间的紧密关系。该模块的教学目标如下：①引导学生准确理解所修专业的培养方向，深入认识自己的专业口径。所谓专业口径，即指在专业划分时所确立的该专业的主干学科或主要学科基础及其业务范畴的覆盖范围。在了解专业口径后，学生便能够以专业确定的主干学科为学习重点，由浅入深地积累自身的专业知识与能力。②帮助学生找准专业方向。专业方向即指专业口径发生方向分化而产生的专攻方向，能够体现专业设置的同一性标准。在教育教学过程中，教师不仅会关注这些专业设置的具体情况，还会向学生提供心理活动等方面的信息，以帮助学生更好地适应大学学习生活。③帮助学生确定自身专业的设置空间。不同的专业有着不同的设置空间，空间的大小与专业弹性成正比，设置空间较大的专业能够为学生转专业提供更多的选择。④让学生意识到开设职业生涯心理辅导课程的重要性。该模块可引导学生深入理解动机与学习成果之间的紧密联系，探索成功的心理学内涵，并培养有益于成功的心理。此外，本模块还将引导学生领悟学习和工作如何有效满足自身的心理需求，增强学生学习、工作的动力。⑤深化学生对学习与工作关系的理解，并明确工作对人生的关键作用。通过本模块的学习，学生将认识技能、工作态度与职业生涯间的关系，了解入职后更好地从学生角色过渡到职员角色的手段。此外，本模块还将探讨社会关系和个人关系对职业发展的影响，以及各类用人单位对员工能力的要求，帮助学生尽早在求学时习得能够带入职场的知识与技能。⑥帮助学生认识到教育设计与未来职业的联系。该模块专注于探讨专业与心理学之间的联系，旨在为大学生提供多元化的课程选择与心理活动体验。对于大一年级的学生来说，该模块的教学尤为重要。

2. 认识模块

大学阶段是一个至关重要的时期，它不仅是自我认识发展的关键阶段，更是个人确定职业理想的黄金时期。进行认识模块的教学活动时，学生将清晰认识到自己的优势和兴趣，从更深的层次理解职业。该模块的教学目标如下：第一，大学生能够通过该模块的学习具备对自身个性和心理特征如价值观、气质等的深入理解，这不仅是个人发展的关键，也是他们未来职业选择的重要依据。应积极引导大学生从学习、身心等多方面做好职业规划的准备，逐步向适合自己的方向调整职业理想，尽早培养有益于实现职业理想的工作能力。帮助大学生认清自身已具备的生理素质及现有的能力水平，对自身未来的发展高度进行预测，引导大学生充分了解自己的学习状态和能力。第二，帮助大学生觉醒自我价值观念，深入地认识自我个性品质，发掘影响个人意识成长的关键事件；明确个人与职业生涯相关的爱好与优势。第三，引导大学生提高与人交往的能力。当面对身边的同事、同学时，存在着多种认识他人能力的方式。为了更好地促进人际关系的发展，应引导学生认识周围人的性格特征，关注那些具有感召力的小组成员对交际技能的应用，同时尊重他人的情感与利益。在面对心理冲突和压力时，引导学生运用健康的应对策略。对于大二年级的学生来说，该模块的教学尤为重要。

3. 职业生涯规划方法与技巧模块

本模块应当完成以下任务：第一，使学生获得确立目标和适当作出决策所需要的认识与技能。通过展示确立目标与制订行动计划的过程、描述影响目标选择的因素、确定并评析妨碍实现目标的问题，使学生理解决策技能的重要意义、分析个人的价值观与态度对其决策的影响、明确教育决策与职业决策对其他生活主要决策的影响、确定决策的可行性、学会提出切实的问题、明确环境因素对态度及行为习惯和先天素质开发的影响、认识和理解职业计划过程、了解关于各种职业和行业的知识信息、了解职业的多样性、了解职业种类划分的不同方法、理解和运用职业信息的技能、掌握运用学校和社区资源去了解行业和行业团体的技术、获得各种行业和团体及个人就业的信息资源、了解社会各界举办的与各种职业有关的教育活动、掌握不同行业和团体所需要的特殊技能、了解自荐材料的准备、掌握自荐方法和面试的心理调适技巧等。第二，使学生了解职业信息的重要性、职业信息的类型、职业信息搜集与整理的方法，明确一些职业所需要的学术技能，了解职业世界和社会知识。首先，了解职业世界包含了对社会职业状况的了解。其次，了解职业世界还包括应清楚地知道不同职业的性质、特点、任务、工作环境、资格要求等方面的内容。再次，个人为了获得适应某种特殊职业要求的职业资格需要接受哪些教育与培训，怎样对各种教育、培训机构进行评价、选择，怎样对自己的胜任情况进行评估，需要在哪些方面提升自己，诸如此类的教育培训信息是了解职业世界必不可少的内容。最后，寻找工作资源，发现职位空缺，这也是了解职业世界的内容。无论最终的职业选择在哪个领域，都有一个前提条件，那就是有职位空缺、有人才需求、有施展才能的天地。第三，培养学生的改革意识和应对生活变迁的技能。让学生学会检验价值观在人一生中的变化情况，明确人一生中心理和生理的变化趋势，描述个人对各行各业所发生的社会的、经济的、技术的变革的感受，整理在生活、工作实践中总结的经验，学会实时确定目标，学会减轻压力的策略与技巧，学会适应工作需要的技能。在对大学生特别是大三年级、大四年级的学生进行职业生涯辅导时，要以职业生涯规划方法与技巧模块为教学重点。

（三）设计课程单元与主题系列

对于大学生职业生涯心理辅导课程的构建与实施，我们必须细致地关注如何将其目标与模块内容具体化，而具体化的关键就在于精心设计各单元活动。只有单元活动与安排设计得当，才能取得理想的教学效果，从而实现课程所设定的目标。

1. 进行合理的单元设计

单元设计应当结合教学目标、课时、教学场地等多种要素来进行。每一个教学单元，都必须有清晰的指导目标，并以此为基点构建整体教学内容与活动的规划。而在课时安排上，要考虑到教学内容的体量和难度，有时一个单元会涵盖一个或多个课时，有时则需要跨越多个单元进行授课，因此需要根据实际情况灵活调整。在单元设计过程中，教学场地的选择与配置也是不可忽视的一环，应当提前准备好教学所需的电教设备、教学材料、教学教案等。

单元设计主体内容为该单元的教学活动流程，它详细规定了教学活动过程中的各个步骤。以"怎样了解我自己"这一单元为例，整个教学活动被精心设计为八个步骤，每个步骤都有明确的指示和说明：第一，教师应讲述几个由于自我认知不足招致负面效果的实例，吸引学生的学习兴趣；第二，着重强调理解自身特性和内在需求的重要意义；第三，带领学生观看PPT，并分析其中内容；第四，让所有同学依次用五句话形容自己；第五，每位同学从他人回答中挑出最感兴趣的答案，并向对方提问；第六，教师让全体学生准备两张纸，并在其中一张纸上写下自己的三项优点和缺点，在另外一张写其他三位同学的优缺点；第七，师生交流互动，若有误解则及时澄清；第八，教师总结如何了解自己、反省自己。

2. 进行合理的主题系列设计

主题系列设计有一个明确的主题，并由多个（8~10个）同类的或相关的单元组成。如果把单元设计比作菜谱，那么一个主题系列单元设计就是把不同口味的菜组合成一个套餐。因此，如果已经有了设计好的大量心理发展课程的单元，在此基础上进行主题系列单元设计就容易多了。

专家建议将与职业辅导相关的理念贯穿在整个课程过程中，建成体系。应当注意的是：课程的实施过程对教师的要求非常高，教师必须具有相当的组织能力和沟通能力，具备广阔的知识经验背景。因此有必要通过国家培训、校本培训等方法来促进教师专业水平的提高。另外，大学生职业生涯心理辅导课程教学将不再按照原来行政班的形式组织教学，而是朝着开放、多样化的方向发展，大学生可能分散到各个教室或实习场地，具有较大的流动性。因此，学校有必要为此建立一套相对完善的管理体系，将管理工作落实到学校、年级、教师个体等层面，以确保大学生职业生涯心理辅导课程教学的成功实施。

四、建设大学生就业心理健康教育系统

在职业生涯教育与心理健康教育相结合的基础上，培养大学生的健康就业心态被视为基本任务。大学生的就业心理健康教育不仅在学习、日常生活、工作、身体和心理健康等方面具有不可替代的作用，而且与高校自身发展密切相关，同时也对国家教育事业发展有着深刻影响。为了实现职业生涯教育与心理健康教育融合，需要确保面向大学生的高校心理健康教育能够建立起一种适应中国实际情况的、系统且科学的模式，以便大学生更深入地认识自己，进而获得职业生涯的成功。

（一）构建就业心理健康教育目标系统

对于高校来说，就业心理健康教育的目标不仅是有效开展职业心理辅导的基础，同时还是切实开展就业心理健康教育的核心与精髓，它为教育内容与方式的选择提供了一定程度上的参考，同时它也是评估和衡量教育成果的重要标准。在对高校就业心理健康教育的目标系统进行构建的过程中，我们必须充分考虑大学生的身心特点，并重点关注大学生遇到的各种心理问题，进而有针对性地制定教学内容。

1. 确立就业心理健康教育目标的依据

（1）以国家高等教育的总目标为依据。我国所开展的高等教育旨在为社会培养德、智、体各方面均衡发展的人才，对于高校来说，在构建就业心理健康教育目标时，应将其整合到教育系统中，使其与德育、智育、体育、美育等多个领域的教育目标建立紧密的联系。这不仅可以充分强化大学生的心理素质，也有助于促进他们的全面成长，进而有效促进其个性化发展，帮助其更好地融入社会。

所以说，在进行高校就业心理健康教育目标体系构建的时候，应当确保该目标与高等教育的总体目标保持一致，二者之间也需要建立紧密的联系。最终需要基于总目标体系的各项标准进行就业心理健康教育目标体系的设计与构建。

（2）以当代大学生身心发展规律为依据。我们应当基于科学的心理学原理进行契合大学生心理特征且满足现代社会发展需求的目标体系的构建，同时，考虑到当前大学生在就业心理方面的发展特性及其存在的各项关于就业的心理问题，我们应当以心理健康、素质教育、职业成长等方面为切入点，制定有针对性的就业心理健康教育目标。而且，我们还需要进一步加深上述各项因素之间的联系，促进其相互作用并相互促进。我们借此可以充分了解大学生的就业心理健康状态，也能全方位地提升其心理健康水平。

（3）以社会对人才素质的基本要求为依据。就业心理健康教育的核心目标是激发大学生的职业选择心理潜能并促进其个体能动发展，而教育目的应是加强大学生的职业选择意识，促进其职业适应能力水平的提升，并使其获得可持续发展的能力，不能局限于为大学生提供择业方面的问题心理与行为的咨询和矫正服务。

（4）以具有共性的标准要求为依据。若要建立具有共性的就业心理健康标准，就需要以具体的就业环境、职业发展情况、个人的综合素质及职业选择观念为基础，并对其加以提炼。这种标准可以帮助大学生明确就业心理健康教育目标与内容。

2. 就业心理健康教育目标的主要内容

对于高校而言，在进行就业心理健康教育总体目标的构建时，需要确保相关目标能够满足国家和社会对该教育活动的整体期望。同时，该目标也应重视对大学生优秀心理品质的培养。简而言之，在目标制定的过程中，需要以现代大学生的心理特点为参考依据，并深入了解社会对人才心理素质的期望，之后开展目标明确、计划周密、组织有序的就业心理健康教育活动，促使大学生健康成长。另外，就业心理健康教育还要提升大学生的基础素质，培养其心理品质，增强他们适应职业环境的能力，并进一步激发其内在潜力，以实现其素质的全面发展。

（1）心理健康方面的目标。高校就业心理健康教育的核心目标是实现大学生身体和心理的健康成长，使其职业选择能力、社会适应能力得到进一步增强，并进一步优化其价值取向。目标体系要体现初级功能、中级功能、高级功能。其中，初级功能主要是及时识别大学生在就业过程中可能出现的心理问题和负面情绪，并采取适当的预防措施，以防止事态进一步恶化，通过纾解大学生的不良情绪，可以改变其问题心态；中级功能是协助大学生深化对自身、他人及社会的认识，优化其自身的心理调控机制，从而使其掌握强大的抗挫折能力与社会适应能力，并有效避免自身产生消极、悲观的情绪；高级功能是协助大学生挖掘自身的潜力，使其养成积极、乐观、勇敢、自信的健康心态，同时也使其形成自我教育和终身学习的意识，并掌握相关能力，从而全方位地推动大学生心理健康成长。这"三级功能"将促使高校就业心理健康教育实现重心转移，从一味地预防和治疗心理疾病转向以促进就业心理健康和个人发展为核心的教育路径。现阶段，我国的高校在进行就业心理健康教育时，应更多地关注中级和高级的功能，以实现大学生的心理健康与人格健全为重点，使其心理得以实现全面、积极、健康的成长，这应是职业生涯教育与心理健康教育融合的重要使命。

（2）素质教育方面的目标。大学生要想实现个人成长，不仅需要多个素质因素综合影响，也需要大学生将个人素质与外界教育因素充分融合。大学生的综合素质主要涵盖以下五个方面，分别是健康的体魄、出色的心理状态、崇高的道德标准、深厚的专业知识储备、优秀的人文素养。随着时代发展，现如今很多用人单位已经不再只重视应聘者的文化素质，而是开始全面考察其综合素质。对于用人单位来说，应聘者的综合素质代表了其内在修养和思想深度，只有当一个人拥有出色的综合素养时，才可以切实满足各职业的未来发展需求。对于即将毕业的学生来说，他们需要具备强大的心理素质，才能够在人才竞争中有出色表现，就业心理健康教育要以培养大学生的自我发展能力素质、人际交往能力与合作能力、健康人格、职业精神与道德素质为目标。

（3）社会适应能力目标。在当前社会快速发展的背景下，一个人的社会适应能力和个人素质将会在较大程度上影响其人生轨迹。社会适应能力目标成为决定大学生在步入职场后是否能够实现可持续发展的关键。社交能力是一个人适应社会环境的必要工具，人际关系的和谐程度会对学生的个性发展以及他们在社会中的生存情况产生较大影响。对于任意个体来说，社会适应能力是其得以生存与发展的基础，而一个成熟的个体不但能够完美适应各种社会环境，甚至可以对环境进行改造，最终能够凭借自己的努力选择或创造出一个与自身生存与发展需求相契合的环境，这也被视为心理健康的一个重要特点。要想获得成功，关键在于充分利用环境，比如在面临就业环境变化的问题时，心理健康的大学生能够在充分了解变化情况的基础上，对自身择业期望加以调整，以便贴合当前社会的职业需求。因此，就业心理健康教育要以培养学生对职业生活和社会生活的适应能力为目标。

（4）职业目标确立方面的目标。职业目标属于大学生职业理想的核心内容，它不仅塑造了大学生的职业观念和职业选择方式，还会对他们的职业理想和职业追求产生深远的影响。职业目标的确立需要大学生的兴趣、能力、价值观与社会需求实现高度匹配与完美适应。对于大学生来说，他们正在经历一个独特的成长阶段，这是他们一生中心理变化最为剧烈的阶段，也是他们从幼稚走向成熟的过渡时期。因此，对于大学生而言，怎样设定正确的职业目标并制定合理的职业生涯规划，是其所接受的职业生涯教育和心理健康辅导的关键。大学生在面对市场经济带来的种种挑战时，需要根据自己的职业目标来进一步强化自我认识，充分了解自己的优势，并确定进入社会的切入点，在此基础上，大学生需要对自己的人生目标与未来职业发展方向加以明确，并确保自身职业选择能够满足社会需求，不断强化自身社会适应能力，以便充分适应时代发展。大学生要想实现自己确立的职业目标，就需要进行职业实践，必须通过"实践—认识—再实践—再认识"的过程，才能够深入了解职业目标，进而不断对其进行优化，最终统一个人价值和社会价值。在职业生涯教育与心理健康教育的融合过程中，就业心理健康教育占据了重要地位，能够提升大学生的心理健康水平，这一教育活动是针对学校内部的职业生涯教育、指导和咨询来进行的，该活动是为了协助大学生确定和调整他们的职业目标：首先，帮助大学生正确认识与深入了解自身职业状态，丰富其职业知识储备，强化其职业能力，促进其职业发展；其次，提高大学生在职业选择方面的专业水平，为他们设定短期或长期的职业目标，并根据社会的实际情况，持续地调整和完善这些目标；最后，通过一系列有组织、有计划的教育活动，促使大学生顺利地开启自己的职业生涯。

（二）构建就业心理健康教育操作系统

伴随着科技的迅速进步，多媒体技术开始广泛参与高校教学工作。在当前我国高校的就业心理辅导实践中，传统的教学模式侧重于教育主体的思考活动，不够关注大学生的实践参与，进而常常导致教育效果不尽如人意。所以说，深入研究大学生就业心理健康教育的各种执行路径，并构建一个科学合理的就业心理健康教育操作体系，能够充分强化高校德育教育与就业指导教育的效果。

1. 课程教学方面

高校就业心理健康教育的核心目标是以大学生的就业趋势和他们的职业选择特性为参考依据，为大学生提供与择业心理健康相关的知识，促使大学生对自身进行深入了解，并树立心理健康意识。为使大学生都能掌握一定的择业心理健康知识，高校需要有针对性地开展相关的课程，从而使大学生能够系统地掌握择业心理知识和心理调适技巧。高校需要以各方需求及科技发展趋势为基础，积极优化就业环境，并迅速调整现有学科专业布局及人才培养模式，坚持教育改革，并对各项教育教学资源进行搜集与整合，提升教学水平，确保培养出的学生能够更好地满足社会的需求。

一是高校需要不断优化大学生的思想政治教育内容，并对大学生进行合理的引导，值得注意的是，引导内容应涵盖以下几点，分别为职业理想、职业道德、就业政策、择业观和成才观等。同时，高校还应积极推动择业指导和职业教育活动的开展，并设立相应的咨询机构为大学生提供优质的咨询服务。

二是遵循"一门为主，多门为辅"的教学原则，高校应构建一个科学合理的课程体系，并对教学内容进行了规范，其核心策略包括：第一，设立与就业心理健康教育相关的必修课程，使学生熟练掌握就业心理健康知识。教师还需要为大学生提供关于就业方针政策、价值观、择业观教育及求职技巧的教育和指导。第二，应将就业心理健康教育的相关内容整合进德育课程中，将思想道德教育与就业心理健康教育紧密结合，促使大学生掌握科学合理的择业观及完备的求职技能。第三，开展多门针对就业心理健康的选修课程，以确保每个大学生的特定需求都能够被满足。我们可以通过以下两个方面对大学生的就业心理健康教育课程体系进行深入分析：一方面，这类课程可以包括"大学生职业心理辅导""生活中的实用心理学""生涯发展规划""自我拓展训练""大学生心理健康学"等；另一方面，"大学生职业心理辅导"是就业心理健康教育的主干课程，高校可以将其作为必修科目来教授，还可以为大学生提供"大学生职业辅导""人格心理学""交往心理学""成才心理学""创造心理学"等选修课。

三是在构建合适的教学模式这一方面，除了要教授就业心理健康知识，还需要着重解决大学生在择业方面的心理问题，重视其自我心理调节能力的培养，并进一步促进其心理素质的提升。总的来说，大学生就业心理健康教育的各项内容主要集中于此。教育者需要在开展教学活动时设定明确的教学目标，并对大学生提供有针对性的心理健康教育，使他们可以熟练掌握心理调适的技巧，帮助他们学会如何进行自我学习和完善，从而彻底解决他们的心理问题，并使他们可以拥有更为强大的应对挫折和适应社会的能力。

四是对大学生的就业心理指导课程进行科学规划。鉴于大学生在不同成长阶段的身心特点存在差异，就业心理健康教育应根据各个年级的特点，有针对性地开展工作，明确教育目标与教学重点，并分阶段进行。通常大学一年级是开设就业心理健康指导课程的最佳时机，这门课程的教学内容应集中在职业生涯规划的指导上，重视对大学生职业意识的培养，并引导其树立正确、合理的职业理想；在大二和大三阶段，教师应该重点为大学生提供学业指导以及就业心理健康的教育和指导，帮助大学生提升他们的能力与素质；在大四阶段，教师应该重点为大学生提供择业、升学和创业的指导教育，帮助大学生顺利实现角色的转变，更好地适应社会，并尽力追寻他们的职业理想。

2.课外活动方面

由于大学生本身会进行丰富的心理活动，也拥有多样化的心理特点，所以高校在开展心理健康教育的过程中，不能仅依赖简单的知识传授手段，而应该采用多样化的活动载体和教育活动方式作为辅助教学的手段。为获得良好的心理健康教育效果，高校需要始终坚守实用性原则，有针对性地实现教育活动与就业心理健康教育的深度融合，并在富有趣味性的教育活动中充分激发大学生的主观能动性。所以说，高校应当重视教育活动过程的价值，将课堂教学与校园文化活动紧密结合，组织健康、积极、内容丰富的校园文化活动，促进大学生身心健康发展,并鼓励他们进行心理自助和互助。首先,我们需要为大学生提供择业心理教育和心理咨询服务,使其得以正确认识自己,并为未来的职业选择做好心理准备,最终在此过程中实现个人的成长和发展;其次,高校需要为大学生提供合适的心理咨询与辅导服务,包括专题讲座、素质拓展等。大学生自身也可以积极参与演讲与讲座、网络论坛、心理素质训练活动等,进行自我教育,全面提升自身心理素质。

3. 实践教学方面

在选择职业的过程中,竞争是不可避免的,而能力则是决定就业竞争结果的关键因素。在现代职业教育中,对于大学生的能力培养是多维度的,其中,身体和心理素质尤为关键,而通过实践活动来培养并强化大学生的心理素质则是最有效的方法。大学生的就业心理辅导课程应当与常规的知识性课程有所区别,更应强调知识与行为的统一,确保大学生在掌握社会认知之后,能够逐渐塑造健康的人格特征。所以说,在教育过程中,我们需要强调实践的重要性,确保大学生刚踏入学校就能拥有与社会互动、感知社会、了解社会、学习社会和分析社会的各种机会和环境。在面向大学生的教学实践活动中,教育者需要遵循适度、合理的指导原则,有效增强大学生的自我调节能力,并鼓励他们建立科学的择业意识,还需要有效解决学生出现的各种不良心理问题。关于教育的实施,有两个主要方法:第一,需要重视与大学生就业相关的心理评估和社会适应能力的评价,并以相关结果为基础帮助大学生客观评价自身情况,从而帮助学生更加合理地进行人才与职业的匹配以及科学的职业选择。第二,需要以我国高等教育的具体情况为基础,为大学生提供关于择业问题的针对性训练,使学生熟练掌握各项基本技能,其中主要包括认知、沟通、交往等方面的技能。教师还需要充分利用大学生日常生活中的实例,鼓励他们亲自动手、思考、表达,通过参与多种社会实践活动,帮助大学生更好地理解社会就业和职业需求的实际情况,帮助他们及时改变自己的职业心态,还需要使其基于实际情况进行自我定位的调整,最终实现自身择业目标与社会实际需求的一致。

4. 心理救助方面

在高校中,大学生的就业心理健康教育不仅在课堂上进行,还在课外活动中有针对性地开展，因此属于团体性心理辅导教育。在团体性教育实践中，常常有部分大学生需要获得某些特殊的帮助。简单来说，就是这部分大学生往往依赖个体心理辅导来解决自身面临的心理问题。个体辅导主要针对两种类型的大学生：第一种是那些认为团体教育并不能彻底解决其身心发展问题的大学生，他们想要通过深化自我认识的方式来深入探索自身潜力，并有针对性地完善自身能力，所以这部分学生会选择单独性辅导。第二种类型是那些存在显著心理冲突与心理状况不佳的大学生，他们可能具有某些心理障碍或疾病，为了克服这些心理障碍并摆脱择业时的困境，他们需要接受有针对性的心理咨询与辅导等服务。在开展个体辅导工作时，首先要全面了解大学生的具体心理状况，并选择防治结合的手段，通过建立辅导关系、分析问题原因、了解职业需求，以及引导学生合理进行自我评价并制定职业规划等方式，提高大学生的心理承受能力，使他们能够更好地了解自己，最终确保职业选择的结果不但符合自己的心理特点，也处于自己能力范围之内。

5. 学术研究方面

科学理论指导为有效地进行大学生就业心理辅导提供了一个合适的操作平台。一方面，高校应当以系统且科学的手段对大学生的就业心理健康情况进行深入的研究与分析，专注于解决特殊或复杂的问题，及时汇总经验教训，并持续提高就业心理咨询及择业心理健康教育的质量。从事就业心理教育的专业人士不仅需要负责某些课题的研究工作，还需要积极参与由学术组织主办的各类心理健康教育学术研讨、成果分享等学术活动，以拓宽自己的视野并进一步提升自身的专业素养。另一个方面，高校需要保证科研资金的充足，并致力于培养一支高素质、业务熟练且具备强大研发实力的高校就业心理健康教育教师队伍。为了鼓励专职心理辅导教师或对此工作充满热情的兼职教师进行就业心理教育的理论研究，高校可以设立专项基金，并实施各项优惠政策，同时开展各种教研和科研活动；为了促使就业心理健康教育更加科学、专业和规范，学校可以采用校内立项、独立选题、专题研究等方式。

(三) 构建就业心理健康教育管理系统

大学生的就业心理健康教育是高校教育体系中不可或缺的一部分，它是一个全程、全面、全体的教育过程。为了进一步强化大学生就业心理健康教育的实际效果，我们需要构建一个科学、规范且有效的管理保障体系。

1. 加强组织管理，整合教育力量

对当前的高校大学生就业心理教育的组织和管理模式进行分析，可以发现，部分高校的就业心理健康教育机构是由负责大学生就业指导及心理辅导的部门联合组建的，其主要工作是开设如"大学生职业心理辅导""大学生就业指导"和"大学生生涯规划"等多门课程，从而使大学生获得专业的心理辅导与咨询服务。并且，这一机构还会借助心理测试、线上指导、学术讲座等教育渠道，使大学生接受全面的就业知识和技能培训。然而，我们也必须明确一点，即某些高校在开展就业心理辅导工作时，不管是内容、方式还是手段都还不成体系，不仅不规范，也不够科学，最终导致各教育渠道呈现出分散和单一的情况，难以产生有效的协同效应。所以说，在当前的新环境下，高校必须构建一个完善的大学生就业心理健康教育组织，使各组织成员明确各自的职责，严格执行各项管理规定，同时还要建立一个将教育、管理和服务融为一体的保障机制，这样才能确保大学生心理健康教育工作得以有序、系统和科学地推进。第一，高校应当致力于建立一个多维度、专兼结合、多样化组合的服务体系。也就是说，从学校的领导到学生管理部门、教学管理部门和各个院系部，再到心理教师、学生辅导员和任课教师，都需要按照特定的组织方式，从各层次、视角和渠道为大学生提供择业心理教育和咨询服务。通过协同合作，全面优化大学生的就业心理健康工作。第二，高校需要不断更新自身的教育理念，以构建适应时代发展的大学生择业服务体系。在此过程中，需要积极地整合教育资源，扩大服务范围，提升服务质量，并始终坚持以学生为中心和全心全意为学生服务的原则。只有这样，才能使高校的就业心理指导工作更为系统、规范、科学地发展。

2. 加强活动管理，促进学生自育

高校需要加强对大学生择业活动的宏观管理，以便牢牢掌控就业心理健康教育的发展方向，并在发挥组织管理能力的同时，重点强调大学生自育的重要性。对于高校的大学生来说，他们不仅需要接受职业心理辅导，也需要主动参与就业实践活动。从教育实践的角度来看，课外教育的存在能够帮助大学生将自身在课堂上所学的知识与实践结合，做到知行合一。通过精心组织和开展课外教育活动，能够有效增强大学生参与活动的兴趣，也会使其更为轻易地内化自身在课堂上学习的理论知识，并进一步刺激其主观能动性的发挥。一方面，高校应利用各种媒体手段进行宣传，以增强大学生的主动参与意识。例如，高校可以直接创建多种大学生自育组织，使大学生可以通过包括"大学生恳谈会""大学生座谈会"在内的多种自助形式来接受就业心理辅导，以便大学生在自育的过程中能够持续地优化与完善自己。另一方面，高校应当重视在课堂教学活动中充分激发大学生的主观能动性。教师应当更加重视对大学生良好的心理品质的培养，积极引导他们参与心理团体活动，从而确保大学生在自我生存、自我管理、自我激励、自我成长和自我认识等方面的能力持续提高，之后还需要借助专题讲座、测试报告等手段，帮助大学生更为深入地了解与心理健康相关的知识并熟练掌握关于问题心理的调适方法，这不仅可以帮助他们消除负面情绪的困扰，还可以使他们获得更为强大的适应社会和自我调适的能力，使他们能够以更为平和的心态面对各种挑战。因此，就可以将"树立心理健康意识、优化心理品质、增强心理调适能力和社会适应能力、预防和缓解心理问题"的外部教育要求转化为大学生主动追求就业健康心理的具体行动。

3.加强实践管理，提升教育效果

大学生面临的就业心理压力较大，这主要是因为他们自身对就业存在认知误区，且他们并不具备完美应对择业实践的能力。为了帮助大学生正确处理自己在求职过程中遇到的心理问题，学校、社会要与就业指导部门合作，为大学生提供有针对性的就业心理健康教育辅导，使其能够以积极的心态面对职场。在对大学生的择业过程进行细致观察与深入分析之后，我们需要根据实际情况引导学生掌握自我调适心理问题的能力，促使其以积极和健康的态度面对择业实践。首先，要最大限度地利用学校的各种社团和协会，鼓励大学生参与各种形式的社会实践，为他们创造更多的社会实践机会。其次，我们要重视"寻岗"这一关键环节，表扬那些能够克服各种困难完成独立寻岗的大学生，还需要对诸多大学生在择业时的表现进行科学指导，这样，他们就可以更加了解自己，也能够根据实际情况对自己的职业期望进行合理调整，并以平常的心态面对生活中的挫折和失败，最终使他们能够彻底克服自己在初次接触社会时产生的自卑、胆小、怯懦等心理障碍。

再次，充分强化对专业社会实践过程的管理与考核，并由专业教师与辅导员合作，使大学生可以在综合性实习方面接受指导，并确保大学生能够借助就业过程的模拟演练掌握与人合作、共事的能力以及遇到心理问题时的自我调适能力。最后，大学生需要为自身社会角色的转变作好心理准备，这样他们才能正确地了解自己，并对自身的优势加以合理利用，勇敢面对挫折，积极参与竞争，主动调适不健康心理。

综合来看，高校应当积极开展各种形式的就业心理健康教育活动，完善和强化就业心理健康教育体系，推动职业生涯教育与心理健康教育的深度结合，帮助大学生在职业生涯道路上走得更加顺利。

第五章　高校职业生涯教育与劳动教育的融合

本章主要介绍了高校职业生涯教育与劳动教育的融合，包括以下五个方面：高校大学生的劳动精神现状、高校职业生涯教育与劳动教育融合的基础条件、高校职业生涯教育与劳动教育融合的重要意义、高校职业生涯教育与劳动教育融合中的问题及成因、高校职业生涯教育与劳动教育融合的主要路径。

第一节　高校大学生的劳动精神现状

一、劳动精神的内涵

劳动精神的具体内涵极为丰富，是优秀劳动模范精神和先进工作者精神的高度凝炼和总结。综合各方观点，主要从知、情、意、行四个角度来探究劳动精神的具体内涵，劳动认知主要反映的是劳动的价值判断、情感表达、行为选择。劳动情感是指在对劳动拥有初步认知以后，在此基础上产生的情感态度，主要表现为认可通过劳动实践得到的成果，会在较大程度上影响人们的工作态度和行为模式。正面的劳动情感能够鼓励劳动者更积极地参与劳动实践，而负面的劳动情感则可能打消劳动者对于劳动实践的兴趣，甚至会激发他们的反抗情绪。劳动者的劳动意志主要体现为他们在实际工作中拥有主动解决问题、勇敢面对挑战的决心和毅力，从而支撑劳动者实现更高价值的劳动实践活动。劳动行为是指劳动者在自身劳动认知和观念的支配下进行劳动实践，与劳动认知和劳动观念相互影响、相互渗透，端正的劳动观念与认知有利于劳动者积极劳动实践。进入新时代，习近平总书记强："调社会主义是干出来的，新时代是奋斗出来的。"要继续发挥劳动精神的引领作用，不断以优秀劳动模范和先进工作者的精神鞭策自己，继续为社会主义的最高理想而奋斗。

二、大学生劳动精神中的问题

（一）部分学生劳动认知不足

对大学生来说，正确的劳动认知是其在新时代进行劳动精神培养的基础。正确的劳动认知能够帮助大学生建立科学的劳动认识，使其以积极饱满的心态进行劳动实践。但是，现如今的部分大学生在劳动认知方面存在明显的缺失。

有些大学生认为体力劳动和脑力劳动存在优劣之分，而且因为受到儒家"劳心者治人，劳力者治于人"的深刻影响，某些大学生坚定地认为脑力劳动比体力劳动更优秀，这导致他们很难以平等的视角正确看待脑力劳动和体力劳动。许多大学生在进行择业时，更偏向于脑力劳动，他们对体力劳动持有一种轻视的态度，经常将体力劳动与劳累、穷酸、负担等负面词汇联系在一起，认为进行体力劳动会伤害他们的自尊，与他们的学历不匹配。因此，这部分大学生在选择工作时，常常以社会地位、薪资待遇、工作形象等因素为主要参考依据，在他们看来，并非所有的劳动都是平等的。但事实上，尽管不同的劳动有着不同的形式和分工，但它们都是社会主义劳动生产的组成部分。无论是体力劳动还是脑力劳动，都需要受到民众的尊重和认可。

再者，有些大学生对于体力劳动的认识显得过于肤浅，他们未能准确地理解体力劳动与脑力劳动之间的内在联系，错误地认为体力劳动仅仅是消耗体力和机械化的劳动，而忽视了在体力劳动过程中也存在脑力劳动。除此之外，还有些大学生只是将劳动看作自己生存的必要手段，对于他们来说，劳动发挥的唯一作用就是满足人类的物质需求，他们并未重视人类从劳动中获得的精神意义，由此直接导致了他们不能在劳动与自我实现、自我创造之间建立起内在联系，最终使得自身难以从劳动中获得价值和意义，阻碍了劳动与现实世界之间的深层联系和互动。对于人们来说，当仅仅为了劳动而付出努力时，他们往往会更重视劳动技能的掌握，而并不关注劳动观念的养成，这在某种程度上消弭了劳动的育人作用。

现如今，部分大学生开始受功利思想的驱使进行劳动，这在较大程度上歪曲了他们的价值观。从马克思主义劳动观来看，个人的价值和社会的价值是有机统一的，只有将个人的劳动与社会彻底交融，劳动的价值才能得到充分体现。但是，有些大学生曲解了劳动的价值，只将其看作获取物质财富的途径，他们认为劳动的真正价值是获取物质和金钱，而并不重视劳动在促进个人发展和社会进步中的作用，受到这种想法的影响，一些大学生对于学习得过且过，只追求及格，对所学知识不求甚解，认为顺利获得毕业证书是他们的最终目的；在择业时，这部分大学生更倾向于某项工作是否能为他们带来丰厚的薪酬，而忽视个人的兴趣和专业。这样的劳动价值观不利于大学生个人的全面成长，同时严重影响了社会的进步。

（二）缺乏艰苦奋斗的意志

艰苦奋斗是中华民族传统美德。大学生从艰苦奋斗精神中汲取力量，不仅可以促使其克服困难、发愤图强，还能够帮助他们完成道德品格的塑造，并为他们的未来人生的顺利发展打下坚实基础。但是，现如今的大部分学生缺少坚韧不拔的品质。

现如今的世界物质充裕，一些大学生并没有经历过艰难的生活，也不能感受到饥饿和寒冷的痛苦，因此他们缺少吃苦耐劳和艰苦奋斗的精神，面对困境，他们很容易产生一种畏缩的心态，他们并未完全意识到，在实际工作中遭遇困难和打击是常态。从事学术研究的人必须保持冷静，能够忍受孤独，并努力研究，这样才能真正获得知识和成果。一些大学生在他们的日常学习中表现得过于敷衍，缺乏不屈不挠和脚踏实地的态度。在中国共产党的领导之下，我国的发展取得了显著的进步。然而，部分大学生觉得，在这个时代背景下，艰苦奋斗的精神已经不再必要，他们没有意识到，艰苦奋斗是中华民族传统美德，要实现中国梦，我们就必须保持艰苦奋斗精神。

（三）缺少辛勤劳动的习惯

培养良好的行为习惯需要时间，但良好的行为习惯可以直接促进个体良好品质的形成，并提升其劳动技能的掌握水平。但是，在现代社会当中，部分大学生并没有养成勤奋劳动的习惯。

由于生活条件的改善和学习压力的增大,许多大学生在日常生活中较少参与体力劳动,导致他们缺乏辛勤劳动的习惯。这种习惯的缺失不仅影响了他们的身体素质,还可能导致他们在未来的职业生涯中缺乏坚韧不拔的精神。因此,培养大学生辛勤劳动的习惯显得尤为重要。学校和社会应该共同努力,为他们提供更多的劳动机会和实践平台,让他们在实践中体验到劳动的乐趣和价值。

(四)缺乏创新劳动精神

在当前的时代背景下,创新劳动精神显得极为关键。大学生是现今社会中最具活力的一类人,他们对于创新劳动精神的掌握情况会直接影响其自身的全面发展。所以,在新的时代背景下,大学生的创新劳动意识亟须强化。

我们生活在知识经济时代,改革和创新成为这个时代的主旋律,而创新劳动则是劳动的主要形式。一个国家的发展高度依赖劳动,不仅需要勤勤恳恳地劳动,还需要具有创新精神的劳动。在当前的时代背景下,创新劳动对于一个国家来说有明显的促进作用,因为它会在较大程度上影响一个国家的整体实力与未来发展。然而,现如今我国部分大学生在创新劳动精神方面的发展并不尽如人意。尽管我国是教育大国,但我们的创新指数在某种程度上仍然低于部分国家。值得注意的是,现如今部分大学生并未完全意识到创新劳动的价值。在当前的时代背景下,创新已经变得不可或缺,创新劳动已逐渐成为最为重要的劳动形式,并且为社会的发展与进步提供了强劲的推动力。当前,为了解决我国的主要矛盾,创新劳动显得尤为关键。这意味着,为了实现我国的全方位、均衡和协调发展,创新劳动的推进是极为关键的。在世界范围内,各国实力的提升离不开创新劳动的强有力支持,可以说,各国的竞争在一定程度上也是各国创新劳动的较量。但是,现在一些大学生形成了固定的思维模式,他们不愿意与时俱进,缺少独立思考和解决问题的能力,而且他们的知识储备不足、动手实践能力较差,缺乏创新思维。有些大学生在面对创新性的工作时会产生恐惧感,在这些学生看来,就算付出了巨大的努力去进行创新性的劳动,也未必能够获得实质性的成果,所以说,他们更偏向于选择相对稳定的一般性劳动。

三、大学生劳动精神问题背后的原因

（一）高校劳动教育的问题

首先要指出的是，高校在劳动教育方面的观念相对陈旧。在大学阶段，一个人的成长和才华的塑造是至关重要的，受到高校的培养对大学生的个人成长极为重要。而一个人的全方位发展与劳动是分不开的，因此，高校的劳动教育对于大学生而言极为重要。但是，受到应试教育模式的制约，一些高校往往忽视了大学生的劳动教育需求。部分高校主要将传授理论知识作为教学的核心，特别是在评选优秀学生时，只以学生的文化课程成绩作为评价的参考依据。这种做法将直接导致大学生只重视学术成绩，而不关注劳动实践活动所发挥的重要作用。正是由于部分高校在教育观念上对劳动教育的漠视，难以促进大学生的全面发展。

再者，部分高校在劳动教育课程的建设方面存在明显的不足。目前，一些高校并未设置标准化的劳动教育课程，甚至有一部分高校并未开设任何与劳动教育有关联的课程，这就表明劳动教育课程并未被纳入高校的教学体系。而且，在高校的劳动教育课程中，与创新劳动相关的内容明显不足。在当前的时代背景下，创新的价值是显而易见的，它对个体和整个国家都具有重要的意义，而这也为高校的劳动教育课程的设置带来了新的挑战。为了满足现代社会的需求，高校在劳动教育课程设计上必须给予足够的关注。

此外，负责高校劳动教育的教师队伍建设相对滞后。从目前的情况来看，负责劳动教育的教师数量相对较少，难以满足教学需求。另外，这部分教师的素质水平也不尽如人意。一般而言，最终的教育效果在较大程度上会受到教师自身的专业性的影响。若是教师对劳动教育方面的知识储备不足，同时也不具备丰富的教学经验，则会严重影响学生的学习效果，进而难以获得预期的教育成果。对于学生而言，教师的言行举止具有较强的指导和示范作用，能够对学生产生潜移默化的影响。为此，高校需要确保劳动教育教师队伍的建设得到重点关注，不仅要保证教师队伍数量满足需求，还需要重点强化教师自身的专业教学能力，以便更有效地指导和影响学生，进而获得良好的教育效果。

（二）家庭劳动教育的不足

在孩子成长的过程当中，父母是他们所接触的第一任教育者，而且对于孩子而言，家庭教育对其未来的全面发展起到了不可忽视的作用。但是，在现阶段一些家庭的教育当中，对于劳动教育都存在着某种程度上的偏见，而这也导致现如今部分大学生劳动精神。

首先需要指出的是：现如今，一些家庭教育忽略了劳动精神的培养，受应试教育压力驱使，一些家庭只重视学生在学习方面的成长，而忽视对孩子的劳动教育。在这种家庭教育观念的影响下，孩子很难拥有健康的劳动观念和良好的行为习惯，甚至可能养成任性、贪婪等不良习惯，这对培养他们的责任感极为不利。

其次，在家庭教育环境中，父母并未为孩子提供较多的劳动机会。现如今，部分大学生都是家中唯一的孩子，这导致父母对这些孩子过度宠爱，而正是由于父母的过度关心与呵护，导致这些孩子难以熟练掌握其应当具备的各项重要技能。在日常生活当中，很多父母对家中的劳动几乎做到了全权负责，而且他们不但不会让孩子主动去做某些家务，甚至会主动包揽原本应由孩子负责的家务。家长的过度宠爱使孩子没有养成关于劳动的正确认识，也未接受良好的劳动教育。最终，一些孩子失去了接受必要的劳动教育的最好时机，也因此导致其不仅难以对劳动建立正确的认知，也难以接受各种劳动实践。

（四）劳动精神培育平台单一

现阶段，高校对于劳动精神培养的手段主要有两种，分别是通过政治理论课课堂和部分实践平台使大学生能够获得劳动品质的培养，进而明晰劳动的价值，从而能够积极地推广劳动精神。然而，现如今各大高校关于劳动精神培养的平台在种类上不够丰富，其最终的培养效果也需要进一步强化。

一方面，现如今专为劳动课程所设计的教学平台存在不足。所以说，搭建一个专为劳动课程设计的教学平台，能够帮助大学生更为准确地理解劳动的核心价值，从而引起对劳动的热爱，并学会创造性劳动。大部分高校都是通过课堂教学这一渠道进行劳动教育，然而，有些高校劳动课程较少甚至没有劳动课程，还有些高校的劳动课程被其他专业课占用或是因为考试周的缘故默认不上，使劳动课程流于形式，效果不尽如人意。由于这些学校忽视了专门劳动课程平台的作用，导致平台没有得到充分的利用。高校在建设培育平台方面要加快改革，要将专门的劳动课程日常化，培育实效才能够有所增强，以更好地培育大学生的劳动精神。

另一方面，家庭、学校和社会共同育人平台缺失。为了增强大学生劳动精神的培育的实效性，需要家庭、学校、社会各方共同努力，构建家校社联合育人平台是一个重要途径。一是，有些高校常常单独进行劳动精神培育活动，很少与学生的家庭沟通交流，培育达不到最佳效果。家庭是孩子的第一课堂，人从出生就开始接受家庭潜移默化的教育，在崇尚劳动精神的家庭中，往往对孩子的劳动精神培育效果也较好。而一些孩子没有接受良好的家庭教育，对待劳动有消极态度、劳动素质不高。一些高校没有关注到这些方面，只进行劳动精神理论方面的教育，没有与家庭合作交流，形成家校共育的模式。二是，部分高校注重用理论知识教书育人，却忽视了社会的实践性作用。一些高校很少与社会企业或组织建立联系，为学生提供校外实践的场地相对较少，学生在校内参与的实践活动缺乏创造性，可能与社会存在脱节。大学生在这种脱离社会的实践活动中，很难掌握劳动精神的精髓。

（五）自我培育路径偏轨

对大学生的价值培育不够重视，势必会影响劳动精神的培育效果。劳动精神培育过程的好坏，直接影响着培育实际效果。忽略成效最大化，结果只能是事倍功半。衡量一个大学生的综合劳动素质，就是检验培育的实际效果。自我培育路径不明确，势必会导致学生的劳动精神培育出现偏轨现象。

为避免自我培育路径偏离方向，切实提高劳动实际效果，可以考虑将劳动素养作为评价学生综合考评的一项内容。通过让大学生主动接受劳动精神培育课程，以知识面拓宽路径，可以让大学生深刻理解劳动的价值，明白劳动精神的重要性，并使其养成良好的劳动品质。在社会生产实践过程中，要使学生学会慎独、学会思考、学会自我反思，以此来提高自我培育能力。要鼓励当代大学生树立正确的劳动价值观，避免出现认知偏差。如果劳动仅限于技能学习，有些在日常生活中用不到的技能就可能被边缘化。可以看出，培育的路径是至关重要的，一旦路径出现偏差，培育势必会出现偏轨现象。在新时代加强劳动精神培育，要有一个重要的引导方向，要以体力劳动为重点，避免用文化课代替体力劳动进行劳动精神培育。实践是检验真理的唯一标准，效果是通过实践来检验的。当代大学生能否形成正确的劳动精神、能否将理论成效最大化、能否将劳动精神内涵实践化与培育路径和措施联系紧密，必须更加重视培育路径的正确性。

第二节　高校职业生涯教育与劳动教育融合的基础条件

在强调基本的劳动体验的基础上，为了应对未来世界的各种挑战，大学生需要具备正确的劳动价值观。青年最富有朝气，最富有梦想，是未来的领导者和建设者。大学生树立正确的劳动观是非常重要的，这关乎其今后职场的表现，甚至个人理想的实现。高校职业生涯教育与劳动教育之间存在千丝万缕的联系，这就为两者的融合提供了基础条件。

劳动教育应与时俱进，不断强化学生的劳动意识，提升其解决实际问题的能力，促使其充分积累宝贵的职场经验，并提高自身职业成长能力。职业生涯教育培养学生的职业生涯规划与发展能力，劳动教育培养学生的核心技能和劳动技能，虽然两者的核心目标和侧重点存在区别，表现形态也各不相同，但这两种教育都是高校在人才培养中的重要组成部分，共同为贯彻立德树人的育人理念发挥着作用。为了促进两者的有效融合，首先要明晰其融合条件，确定它们在概念内涵、教育目标、教育内容及教育方式等多个层面上的深层联系。

一、概念内涵上交叉重叠

职业生涯教育是针对大学生自身的特点有计划进行的、旨在实现大学生可持续的职业生涯发展的全方位的教育活动，其核心不是让学生找到工作，而是让学生学会根据个人与社会实际科学合理地规划自己的职业生涯道路，找到合适的职业目标，改进自己的学习方式，适应社会劳动市场要求，顺利进入社会，胜任职业劳动要求。职业劳动要求主要包括：自我认知的知识与方法、职业生涯规划与决策的知识与方法、求职就业的知识与方法；就业能力、沟通交际能力、合作能力、社会适应能力等。通过职业生涯教育能够促使高等教育更好地适应经济和社会的发展，进而有效开展改革与创新，而这也代表了新时代大学生素质教育的新发展方向。

通过高校的劳动教育，能够让大学生接受全面的劳动观念教育、技能培训和实践锻炼，旨在全方位提升大学生的劳动素养，引导新时代的大学生在劳动创造的过程中获得幸福感，还能够借此培养他们的社会责任感、创新精神和实践能力，使其成长为高级专业人才。通过深入分析劳动教育，我们可以认识到，劳动教育不仅可以被看作"关于劳动的教育"，还可以用来培育学生对劳动和劳动人民的深厚情感，使其养成正确的劳动观念和态度，形成健康的劳动习惯，还可以使其借此熟练掌握生产劳动所需的基础知识和技能，因此劳动教育也是"通过劳动的教育"，也就是要求学生通过劳动实践，全方位地提高自身的综合素质。劳动教育应当是"关于劳动的教育"与"通过劳动的教育"的有机融合，不仅要强调与劳动相关的思想教育和知识技能的培养，还要重视劳动实践。

在新时代的高等教育人才培养体系中，高校的职业生涯教育和劳动教育的存在是为了有效处理人才培养与社会需求不匹配的问题，而这两种教育都十分重视新时代劳动发展趋势，并重视对大学生社会责任感、创新与实践能力的培养。从某个角度看，职业生涯教育可以被视为高等教育中劳动教育的一部分或某种关键的实践模式。每位学生都是独特的存在，无论是在思维方式、专业知识、学习技巧、个人兴趣还是心理特质上，都有其独特之处。对于大学生而言，在进入职场之前所接受的高等教育是至关重要的，教育的核心目的是提升大学生的劳动素养。因此，可将高校劳动教育理解为提高大学生职业素养，使大学生成功从学校生活进入职业生活的劳动教育，后者无疑与职业生涯教育的概念内涵有交叉重叠之处。

二、教育目标上内在一致

从高校的劳动教育和职业生涯教育的教育目标来看，两者都是为了使大学生满足社会劳动市场需求、顺利开展职业生涯的教育，都是以促进学生的全面发展和职业发展为目标，在本质上具有较强的内在一致性。

职业生涯教育的核心目标之一是培养大学生正确的职业劳动观、择业观和就业创业观，提高大学生职业生涯规划能力与职业素养，为其今后走进职场和职业发展保驾护航。2020年11月，在全国劳动模范和先进工作者表彰大会上，习近平总书记再次表达了对劳动的高度尊崇、对劳动者的高度尊重，使收看的观众备受鼓舞，对青年学生影响更为深远。而且，《关于全面加强新时代大中小学劳动教育的意见》也强调："牢固树立劳动最光荣、劳动最崇高、劳动最伟大、劳动最美丽的观念。"① 这不仅是劳动教育的最终目标,也是建立正确的劳动观以及塑造职业精神与道德的基础。

三、教育内容上相互关联

高校职业生涯教育是实践性的教育,其教育内容除了职业生涯规划知识、求职就业知识、创业知识,还包括技能类内容和实习、实训等实践活动。

高校的劳动教育内容涵盖三大方面:劳动思想教育、劳动知识技能教育和劳动实践锻炼。在进行劳动思想教育时,教师需要积极引导学生深刻认识劳动的价值,并深入理解和认同劳动的意义,这与职业生涯教育中的劳动观和择业观教育有着紧密的联系。在进行劳动知识技能的教育时,我们不仅要确保学生能够深入掌握相关的专业知识和技能,还需要广泛传播与大学生职业发展有关联的劳动科学知识,例如劳动关系协调、劳动法律、劳动与社会保障等。在劳动实践锻炼中,我们应该将劳动教育整合到第二课堂活动中,全方位地推动劳动教育内容与大学生的社会实践、志愿服务、职业生涯教育、就业指导的融合。劳动教育内容的三个方面都与职业生涯教育有着紧密的联系。

四、教育方式方法共通

在教学方法和方式上,职业生涯教育与劳动教育均着重关注实践教学。

职业生涯规划大赛、创业大赛、企业实习、就业创业实训、社会公益实践等第二课堂的实践活动一直是职业生涯教育的主要方式方法。教师对学生进行的就业指导和创业指导也是以学生的就业和创业实践进行的。从劳动教育的角度看,实践性始终是其显著的特点。高校劳动教育的方式同样以实践活动为主,并且非常重视将实践活动与学生的专业学习和未来职业工作联系起来。根据职业生涯教育和劳动教育在教学方法和方式上所展现出的实践性学习特点,我们可以为这两种教育形式建立一个共享的实践平台,以引导大学生更好地融入职场和劳动生活。

---

① 新华社.中共中央国务院关于全面加强新时代大中小学劳动教育的意见[N].人民日报,2020-3-27(01).

第三节 高校职业生涯教育与劳动教育融合的重要意义

一、有助于完善职业生涯教育的育人价值

2020年3月20日，中共中央、国务院正式公布了《关于全面加强新时代大中小学劳动教育的意见》（以下简称《意见》），这份文件被视为关于劳动教育的纲领性文件。《意见》对新时代和新形势下各级学校劳动教育的价值导向和未来发展方向加以明确，在"三全育人"方面为高校设定了更高的标准，同时也为高校的教育工作提供了明确的指导方针。

职业生涯教育是学生进行职业发展规划的有效工具，涉及思想和实践等多个方面的内容。从教育发展视角出发，职业生涯教育被视为"三全育人"的关键。所以说，我们必须坚守"三全育人"与"五育并举"有效结合的原则，以确保学生可以实现全面发展、成长成才。

从育人价值角度出发，劳动教育不仅是学生个人成长的关键，也是"五育并举"教育体系中不可或缺的一部分。从实践操作的视角出发，我们可以发现，劳动教育的成效将影响受教育者在劳动价值观、劳动技能和劳动精神方面的表现。总的来说，将职业生涯教育与劳动教育相融合，可以在教育实践中进一步强化职业生涯教育的育人价值。

二、有助于实现职业生涯教育的育人目的

职业生涯教育的存在能够引导受教育者对自己内在的价值和个性特质有着更为深入的认识，也能借此进一步激发受教育者的个人潜力，促使其主观能动性得以发挥，并据此明确最适合自己的职业发展路径。劳动教育在职业生涯教育的具体实施中担任辅助的角色，为职业生涯教育的教育目标提供方向性指引。

从劳动教育的本质角度看，劳动不仅是人类社会活动的基础，也是自然界活动的核心组成部分，呈现出明显的主体性特征。劳动的主体性主要指的是：整个劳动过程的主体是人，并且人具备主动参与劳动的能力。劳动的主体性能够帮助受教育者提升其职业发展规划、个人潜能开发的能力。

从劳动教育的实践流程的角度看，劳动教育可以使每个人获得全面的实践体验。在实际操作中，受过教育的人能够较为深刻地体验、领悟劳动精神的精髓。通过实际体验与精神熏陶，职业生涯教育与劳动教育的融合可以帮助学生建立正确的就业和择业观念，并使其明确自己未来的职业发展方向。

三、有助于丰富职业生涯教育的育人手段

职业生涯教育是一种系统化的教育方式，它包含生存、兴趣和发展三个不同层次的支点。在实施职业生涯教育的过程中，受教育者需要在不同层次的支点之间找到平衡，职业生涯教育要想达到各个支点之间理想的平衡需要客观的支持。劳动教育同时具有生存、兴趣和发展三方面特性，能够为职业生涯教育提供平衡支点的途径。

在新时代背景下，劳动教育以人的全面成长为核心，以人民的价值情怀为主体，相较于传统的劳动教育课程，它更为专业且全面。劳动教育凭借其实践性、主体性、参与性，充分强化了职业生涯教育的育人效果。在新的时代背景下，劳动教育能够通过实习实践与课程思政等多种策略达成育人目的。在目前的教育环境中，劳动教育正在转变为大学生职业生涯教育的实践基础，它可以为职业生涯教育提供更多的培养方法，并进一步提升学生的就业创业技能水平。

四、有助于大学生更好地规划职业生涯

（一）有助于培养大学生的自我职业规划意识

部分大学生对职业规划的认识失之偏颇，在他们看来，职业规划并不是必需的，他们主张"走到哪儿，算到哪儿"。尽管一些学生已经意识到职业生涯教育的重要性，但他们仍然不清楚怎样有针对性地开展职业生涯规划，这使得他们所接受的职业生涯教育与实际情况脱节，导致他们未能积累足够的实践经验，以上种种将直接导致大学生在学业上缺乏明确的规划、在生活中没有明确的目标，进而对于职业选择感到迷茫。值得注意的是：劳动教育本身是一个基于理论假设而存在的实践性命题，其具体发展情况和人们的实践经验已深刻阐明了劳动教育本身存在的合理性与必要性，而且在现阶段，人们重点关注劳动教育的具体内容、

方法与过程。通过将劳动教育和职业生涯教育相结合，人们希望能够有效拓展劳动教育的实施路径，有效促进职业生涯教育的开展，并进一步强化大学生的自我职业规划意识。

（二）有助于大学生明确职业定位、提升就业创业能力

2018年，中华人民共和国国务院就促进创新创业高质量发展提出了相关意见，其中，对高校培养大学生创新创业意识与能力，以及利用创业来促进就业和有效帮助高校毕业生找到工作等方面提出了较为严格的要求。但是，因为传统的就业观念和应试教育模式的限制，现阶段我国仍存在部分大学生不具备成熟的创新创业意识的问题。

对学生而言，劳动教育是提升自身创新创业能力的一个重要途径，而且劳动教育也较为关注对劳动者创新创业意识的培养，所以说，我们应当将职业生涯教育与劳动教育紧密结合，最大化地利用其协同育人的能力。而且，强化职业生涯教育能够进一步丰富劳动教育的内容和手段。除此之外，通过强化劳动教育，能够更好地满足当前社会对人才发展的职业需求，还能够引导大学生养成正确的创新创业观念，进一步培养并强化大学生的创造性思维，引导其明确自身职业定位，并对自身未来职业发展进行合理规划。

（三）有助于大学生改变择业观

形成对劳动的科学认知，是大学生提升就业创业能力的前提和基础。由于诸多因素的影响，现如今，大学生所面临的就业压力日益增大，且当前社会对于大学生的职业素质也有着更为严格的要求。通过将职业生涯教育和劳动教育相融合，能够促使大学生更为清晰地认定自身的职业发展方向，也能够辅助其更为准确地评估当前的就业环境，从而更为合理地规划自己的职业发展。同时，大学生也能够在这一过程中不断增强自身的就业能力。除此之外，通过以上手段也能够有效减少大学生在就业求职过程中可能会面临的人岗不匹配问题，甚至能够在某种程度上有效缓解就业中存在的结构性矛盾。大学生在进行择业时，主要会受到自身择业观的影响，为了适应当前社会的人才需求，大学生需要改变传统的就业观念，不再以薪酬高、工作体面等为主要目标，而是以自身实际情况为基础，以社会具体发展需求为导向，选择那些符合自身能力的合适岗位，并在其中充分发挥自己的作用。此外，正确的劳动价值观也能够在一定程度上对大学生择业观的形成与转变产生影响。大学生应当积极主动地接受劳动教育，并构建正确的劳动价值观。

五、有助于学生全面发展

劳动不仅是人类本质特征和存在的基本方式，更是促进人全方位成长的关键路径。劳动只有与自然界相结合，才能成为所有财富的根本来源。自然界为劳动提供了必要的资源，而劳动则将这些资源转化为实际的财富。劳动是人类文明向前发展的关键，而社会的持续存在与不断发展也与劳动密不可分。

职业生涯教育与劳动教育融合能够使个体通过职业劳动实践深入地感受劳动精神、劳动模范精神和工匠精神，从而获得正确的劳动观念。只有通过实际的劳动，我们才能真正掌握与职业生涯规划相关的专业知识、掌握更多的职业生涯规划方法和技能，从而更加有效地促进智慧的发展。同时，职业生涯教育与劳动教育融合可以培养学生的感知能力，并进一步增强他们的劳动能力。而且，艰苦的环境也对个人的身、心健康有积极的促进作用。尽管劳动的过程本身充满挑战，但困难的环境更能锻炼人的毅力、提高其意志力，并培养其心理素质。在日常生活中，美的存在是需要借助不懈地劳动来探索和发现的，通过劳动实践，我们能够养成正确的审美观念，并充分强化自身对美的感知与创造能力。总之，职业生涯教育与劳动教育融合是促进大学生全面发展、使其实现自身综合素质提高的有效路径。

第四节　高校职业生涯教育与劳动教育融合中的问题及成因

一、高校职业生涯教育与劳动教育融合中的问题

（一）缺乏正确、科学的认知

1. 对职业生涯教育与劳动教育融合的认识不清晰

职业生涯教育与劳动教育相融合的教育方式发展时间较短。现如今，一部分职业生涯规划教师对于劳动教育是有充分认识的，但对于两者之间的关系、两者

融合的必要性，以及何为职业生涯教育与劳动教育的融合并没有清晰的认识。很少有职业生涯规划教师在教学中有意识地渗透劳动教育的内容，也很少组织相关的劳动实践活动。只有部分教师利用劳动实践活动让学生亲历体验职业，或者在劳动中传授职业知识和技能。这样看来大部分教师都没有正确理解职业生涯教育与劳动教育的融合，窄化了其内涵范围，没有清楚认识到两大学科融合的综合育人效果。对于学生来说，对职业生涯教育与劳动教育融合教育活动的认识更多停留在偏向技能训练的实践和实习活动上，还有的学生认为只要到校外进行职业体验性劳动活动就是职业生涯教育与劳动教育的融合，可见，大部分教师还是学生，谈及职业生涯教育与劳动教育融合，只片面地认为其就是学习职业技能的实践活动。

2. 对职业生涯教育与劳动教育融合的目标定位不准确

对于教师来说，对职业生涯教育与劳动教育融合内涵的不清晰认识还不足以直接影响融合式教育活动的效果，但会影响对融合式教育活动目标定位的准确性。培养目标的选择应在教育实施前明确，而部分教师对活动目标没有清晰的定位，他们或认为是通过劳动体验培养职业兴趣，或认为是增强对不同职业的认知，感受不同职业的辛苦与乐趣。这两种观点显然都没有针对学生的认知发展规律选择适合年级的合理目标。职业生涯教育与劳动教育融合的培养目标的选择应分段进行，而不是盲目地、机械化地集中于某一目标。如大一的学生应注重体验、感知职业，以培养职业兴趣为主；大二的学生应主要感知各种职业的辛苦与乐趣，体会职业价值；大三、大四的学生则要培养自身的职业规划能力。

（二）教育活动内容与形式单一

1. 职业生涯教育与劳动教育融合的教育内容单一

高校中，由学工处或学生会等组织举办的劳动实践活动主要为公益劳动与志愿服务类，如市运动会志愿服务活动、森林公园环保公益劳动等，以及一些简单的实习实训活动。可见，高校的职业生涯教育与劳动教育融合的教育集中于简单劳动的内容范围内，很容易陷入以体力劳动为主的日常劳动局面，这样不利于满足学生多样化的职业探索和劳动需求，不利于学生的全面发展。在当前的劳动形态中，服务性劳动、脑力劳动和体力劳动同样重要，高校既不能丢弃传统"学工学农"的形式,也要组织多样化劳动内容以满足学生需求。一些教师在劳动中介绍相关职业内容时,多讲解职业常识及精神价值、职业技能,内容较片面,理论性、知识性较强,没有将职业知识内容的讲解与学生的实际生活和学习相结合,这是目前融合式教育活动普遍的教学现象。职业生涯教育与劳动教育的融合并非简单地学习知识和技能,这不仅难以激发学生的职业兴趣、让学生真正体会职业情感,还会削弱学生的自我服务意识,使其难以树立正确的劳动价值观和职业价值观。

2.教育形式单一,主要为技能化形式

教育形式会影响教学质量。教师在职业生涯教育与劳动教育融合的教育中多选择动手实践法,或者将其与知识讲授法结合使用。新课标从劳动观念、劳动能力、劳动习惯和品质、劳动精神四个方面规划了学生应具备的劳动核心素养,但当前课程中"技能化"教学占据主导地位。在职业生涯教育中引入劳动实践活动必然会取得一定的职业启蒙或者职业兴趣培养的效果,但与此同时很容易出现"技能化"主导教学的问题,因此职业生涯教育与劳动教育的融合要注意各类教育要素的相互平衡。除此之外,一些教师还未完全摆脱"讲劳动"的弊端,纯粹的知识讲授会丢失融合式教育活动的精髓,不仅会影响融合式教育活动的效果,让学生感到枯燥,也不利于在实践过程中培养学生的劳动素养和职业认知。如今大学生虽然可以通过网络获得各种职业信息,但是这些信息多是他人的经验和看法,学生对此缺乏自身的体会和感受,因此,相比知识讲解和技能训练,他们更加需要的是亲身体验和感受真实的职业生活和职业劳动。尤其大学生正处于身心发展的活跃阶段,喜欢刺激和挑战,喜欢平等自由式互动,相比照本宣科的讲解,更喜欢教师讲一些自身职业生活中的趣事和体验或者社会经验。

(三)教育活动实施效果不佳

第一,职业生涯教育与劳动教育融合式教育开展的频率较低。二者的结合应是整个教育流程的有机结合,是教育全方位的融合,应当实现两种教育的共生发展。而在实际教育中,部分教师只是偶尔在职业生涯教育中开展一些实践性劳动活动,或是在劳动教育中讲一些职业知识。部分教师不知道该如何将职业生涯教育与劳动教育融合,不清楚自己是否做到了有效融合,通常只让学生对其进行简单的了解。而且，教师会优先考虑职业生涯教育原本的教学计划，完成本节课的教学内容后，如果还有时间才会融入一些劳动教育的元素，或在原本的劳动实践教育任务完成后，才考虑融入职业生涯教育的元素。时间不足的问题严重削弱了活动的实施效果，不仅不利于丰富学生的职业想象、不利于使其进行积极的职业探索，也浪费了劳动课程为职业生涯教育提供的宝贵资源。如果这种情况持续下去，职业生涯教育与劳动教育融合的教育效果将打折扣，其教育内容也会减少甚至被忽视，直至变成单一的职业生涯教育或劳动教育。

第二，学生经验内化不足。学生对于去校外实践热情高涨，但在参与活动时，仅有少部分学生认真学习和动手思考感知，一些学生乐于玩耍，对于这项劳动真正的意义是什么，很少主动探究和钻研，缺少由衷的感悟。部分学生游玩积极性高，但对于参加活动后的经验感悟方面不太重视，只有在教师的要求下，才会写一些心得体会。职业生涯教育与劳动教育融合的目的是让学生能通过活动，将活动中的学习内容内化为自身的认知，认识活动的意义、深入观察思考、探索感兴趣的问题、拥有良好的情感等。上述问题的出现暴露出学生在实际活动中的经验内化不足，没有真正体会到活动的意义与价值，也反映出职业生涯教育与劳动教育融合的实践活动的教育性有待加强。

（四）教育评价方式和主体单一

1. 教育评价方式单一

当前我国教育评价指向学生核心素养的发展，其中也包括职业生涯教育与劳动教育融合的开展，一体多元与系统化的评价体系是使活动达到育人效果的保障。从整体上看，部分高校会对职业生涯教育与劳动教育融合的效果进行评价，但存在的问题是缺乏系统化评价、教育评价缺乏全面性和实质性。部分教师在职业生涯教育与劳动教育融合的教育评价上主要采取作业式评价方法或者到课率评价方法，在融合式教育活动后会要求学生写一些心得体会、活动记录或给出一定的主题要求学生撰写论文，给出劳动清单让学生自由选择完成并记录完成情况，教师会根据这些书面作业进行评价。有些教师按照学生的到课率将学生的成绩划分成几个档次，给出对应的分数。部分高校的评价方式仍以传统的终结性评价为主，这种简单的评价容易使学生在劳动中陷入求快、求量、求果的误区，无法准确客观地衡量学生在经历教育活动后所达到的效果，缺少对职业生涯教育与劳动教育融合式教育活动开展前的诊断评价和实施结束后的追踪评价。而全程评价对教育活动有非常重要的意义，高校需要对活动的评价方式进行系统具体的完善。

2. 教育评价主体单一

对职业生涯教育与劳动教育融合的评价除了需要多元化的评价方法，也强调多元主体的参与。新课标强调要发挥教师、家长和学生等多元主体的评价作用，职业生涯教育与劳动教育融合的评价同样需要多元主体的参与。融合式教育活动的评价主要为教师评价，偶尔会开展学生自评和互评，但几乎没有家长评价、宿管教师评价或其他主体的评价，存在教育评价主体单一的现象，同事、家长与学生等主体参与度不足。多元化的评价主体利于完整清晰地判断职业生涯教育与劳动教育融合活动对学生产生的影响，单一化的评价主体限制了学生在活动中的发展广度。

（五）缺乏硬件设施、师资和经费

1. 缺乏硬件设施

职业生涯教育与劳动教育融合的教育因综合性和独特性，其实施的基础是要有基本的硬件设施作为支撑。但是在实际的教育开展中，一些高校具有部分设施和场地，但无法满足整体需求，还有一些高校根本没有开展教育的设施和场地。部分高校的校内场地和设备不够，而职业生涯教育与劳动教育融合式教育活动这种通识课大多是几个班级一起上课，学生数量多，在开展操作性教学活动时难以获得足够的场地和设备支持，而校外实践又需要沟通联系多个方面，尤其还需要保障学生的安全，在硬件条件上受到一定的制约。

2. 缺乏师资

教师在教育中的意识、态度以及教师的责任、义务等都是教师素养的动态反映，会迁移至其相关的教育教学之中。职业生涯教育与劳动教育融合式教育活动多由职业生涯规划教师负责，教师在职业生涯规划的知识和方法上有足够的知识储备和素养，但往往缺少对多种职业的认识和体验，尤其是经验丰富教师，他们参与教育工作多年，其他职业经历少，对于社会上的其他新型职业并不了解，他们在职业生涯教育与劳动教育融合的实践类教学中往往会遇到难题。可以发现，职业生涯教育与劳动教育融合的师资力量相对薄弱，教师来源以校内教师为主。部分校内教师缺乏活动开展所需的社会经验，加之缺乏相关的教研与培训，其素养难以支撑活动的深入开展，长此以往，不仅无法满足庞大的学生群体的实践需求，也不利于职业生涯教育与劳动教育融合活动的深入进行。

3. 缺乏经费

开展职业生涯教育与劳动教育融合的实践类教育活动需要耗费较多的人力、物力与财力，不管是购买相关的设施设备，还是建设实践基地都需要相应的经费。尽管政府会给高校分配经费，但是部分高校往往会优先将经费用于专业课程建设、实验室建设、科研设备购置等方面，职业生涯教育与劳动教育融合缺乏专项经费支持。

二、问题的成因

（一）教育主体重视不足，缺乏融合意识

自《关于全面加强新时代大中小学劳动教育的意见》发布后，劳动教育在各大高校开展得如火如荼，劳动课程标准的颁布也为劳动教育的实施带来了新的契机。然而职业生涯教育与劳动教育的结合还没有得到应有的关注，也未能对此形成强大的教育合力。从高校层面看，高校对职业生涯教育与劳动教育融合的关注度和重视度不足。如果高校本身不重视，那么职业生涯教育与劳动教育融合的各类教育活动的开展也难以得到保障，全体师生也就难以对其产生明确的认知。一些高校对国家教育文件精神的落实主要集中于劳动教育课程，很少研究职业生涯教育与劳动教育融合的育人价值，忽视或片面理解其育人价值都不能准确定位其教育的目标。从教师层面来看，高校对职业生涯教育与劳动教育的融合缺乏重视，使得部分教师自身的融合意识薄弱。职业生涯教育与劳动教育融合并不只是职业生涯规划教师的教育任务或是辅导员的工作，而是所有教职工的工作，而目前的一部分教师，尤其是职业生涯规划教师之外的教师并没有意识到自己在职业生涯教育与劳动教育融合中的责任，并未对其形成清晰的认知。从家庭层面来看，家庭教育是职业生涯教育与劳动教育融合的重要校外资源，家长的支持一方面有利

于调动学生参与的积极性，从内到外促进学生职业规划能力的发展，另一方面也利于保障教育活动的顺利开展。但当前家庭在职业生涯教育与劳动教育融合存在缺位的现象，影响教育合力的发挥。此外，社会也是重要的教育主体，多数企业和事业单位目前没能充分配合高校开展职业生涯教育与劳动教育融合式教育，没有为学生提供足够的职业劳动机会。

（二）缺少理论指导、实践探索和校本课程

1. 缺少理论指导

专业教育与职业生涯教育的融合方面已经有了较多的探索，但职业生涯教育与劳动教育的融合还没有得到广泛的关注，未形成系统成熟的理论体系。职业生涯教育与劳动教育融合的实施并非主观任意的，而是需要高校对实践课程理论有充分的理解。在缺乏专业、系统、权威的理论引领的背景下，教师难以把握教育理念及教学内容与形式设计的方向，同时在实际活动的操作中也存在一定困难。

2. 缺少实践探索

目前针对职业生涯教育与劳动教育融合的实践探索较少，教师缺乏实地观摩和实践体验的学习机会。除此之外，目前一些高校并未针对职业生涯教育与劳动教育的融合开展校本教研、师资培训等主题活动，而在缺乏指导与协助的情况下，单凭教师自身力量摸索和开展融合式教育活动，难免会摸不清方向。

3. 缺少校本课程

职业生涯教育与劳动教育融合的开展需要高校因地制宜地根据本地、本校特点开发课程。目前一些高校的职业生涯课程仍以传统的职业生涯规划理论课和创业模拟课的形式开展，劳动教育课程依旧以传统的学工学农的方式开展，并未深入挖掘劳动教育中其他方面的职业素材组织多样化的实践，同时也并未充分利用教师的创造力激发其课程开发的能力，致使高校职业生涯教育与劳动教育融合教育的校本特色课程构建不足。高校应随时代技术的发展不断丰富"劳动+职业"活动，开发出符合时代特色和教育要求的校本课程，充实职业生涯教育与劳动教育融合教育的课程内容与开展方式。

（三）活动形式化，课时不足

当前，职业生涯教育与劳动教育融合无论是以实践项目还是课堂讲授的形式开展，实践性都是其主导性质。要达到理想的育人目的，就必须让学生在真实情境中加深对劳动创造美好生活的价值认同。然而体验化、形式化的现象依然充斥在实际教育活动之中，忽视实践教学会影响职业生涯教育与劳动教育融合的效果。首先是融合式教育活动的实践形式化问题。当前，职业生涯教育与劳动教育融合式教育活动的开展缺乏连贯性和纵深性，未规划有学段特点同时能前后连贯一致的课程体系。这样一来，呈现在学生面前的劳动实践多是简单且快捷的形态，一些学生的劳动过程停留于表面的实践操作，出现了"走过场""赶流程"的现象，弱化了活动的教育性。而当前职业生涯教育与劳动教育融合式教育活动的实施多是分学段、分项目进行，这种形式下的教育内容缺乏连贯性和衔接性，导致学生的劳动知识出现断层，使得学生的实践多是过场体验劳动而非真实实践。其次是课时设置的形式化问题。尽管很多政策和文件都强调了劳动教育的时间，但是在实际教育中还没有得到有效落实，职业生涯教育与劳动教育融合仍面临着课时不足的问题，有效劳动课时的缺乏不仅使劳动教育走向形式化，也使得职业生涯教育与劳动教育得融合无从谈起。

（四）缺乏健全的评价体系

2020年10月，中共中央、国务院印发了《深化新时代教育评价改革总体方案》的文件，其中指出："加强过程性评价，将参与劳动教育课程学习和实践情况纳入学生综合素质档案。……创新评价工具，利用人工智能、大数据等现代信息技术，探索开展学生各年级学习情况全过程纵向评价、德智体美劳全要素横向评价"。[1]但是，职业生涯教育与劳动教育相结合之后的教育活动却缺乏系统化的评价，其原因在于高校和教师只是作为主体参与融合式教育活动，并没有系统地设计和制订融合式教育活动的评价标准。为了保证融合式教育效果，发挥其最大的育人价值，高校及教师需要针对融合式教育活动设计与开发评价标准。如果职业生涯教育与劳动教育融合的教育活动没有明确、细化且可执行性强的评价标准，

---

[1] 新华社.中共中央、国务院印发《深化新时代教育评价改革总体方案》[EB/OL].（2020-10-13）[2024-3-27].https://www.gov.cn/gongbao/content/2020/content_5554488.htm.

不仅教师进行活动评价的难度会变大,甚至还会出现形式化、随意化评价的现象,影响融合式教育活动的实施效果。因此,高校对职业生涯教育与劳动教育融合的教育活动的评价不仅要针对学生劳动素养进行评价,同时,还应增加对学生职业指标的评价,如职业认知、职业情感、职业能力等,需要对教育元素有着双重考量,防止忽视职业生涯教育与劳动教育融合对学生的教育意义。

(五)缺乏健全的保障机制,社会资源利用不充分

职业生涯教育与劳动教育融合的教育活动的顺利开展必然要依靠国家政策支持和强有力的保障体系支撑,需要各方教育力量的通力合作。而目前社会各界对职业生涯教育与劳动教育融合的关注较少,国家近些年虽然在政策文件中倡导在劳动教育渗透职业生涯教育,在职业生涯教育中加强劳动实践活动,但政策规定都停留于浅层的表达,没有制定明确详细的实施细则,目前融合式教育行为只是偶发性、个别性的教育行为。职业生涯教育与劳动教育融合的有序开展需要人、财、物、时、空五个方面的保障支持,但从当前的资源保障来看,队伍师资、教学资源、基地建设、经费等方面保障不足,且教育部门对高校开展职业生涯教育与劳动教育融合的教育活动所需基础条件的督导、管理与保障工作的投入力度也存在不足,可知职业生涯教育与劳动教育融合在政策制度与保障措施皆未得到完善的支持。

此外,社会各类资源没有得到充分利用。职业生涯教育与劳动教育融合的教育活动的开展强调高校、家庭和社会的协同推进,其优势在于通过校企合作、普职融通等方式带来的资源优势。但在实际开展的过程中,出现了教学资源单一闭塞的局面,原因之一是政府及教育行政部门没有为高校打通社会资源的"最后一公里",使资源难以实现流通共享,另一方面是高校挖掘资源不充分,且没有对各种资源的载体进行合理利用,同时也没有综合运用多种方式来组织融合式教育活动,如普通高校与职业院校等的合作处于松散状态,校企合作层次不够深入,职业生涯教育与劳动教育融合的各参与方缺乏沟通,导致资源没有有效结合,没有形成社会合力。

第五节　高校职业生涯教育与劳动教育融合的主要路径

一、多元主体协同，共同重视和推进

（一）政府应加强教育督导评价

职业生涯教育与劳动教育融合需要教育部门的通力协作，为其落地与发展提供有力支持。当前各界多关注专业教学领域的教育功能，这使职业生涯教育与劳动教育融合成为高校或教师偶发性的行为，有关政策方针与督导落实工作投入力度不足。教育督导评价是推进职业生涯教育与劳动教育融合落实的利器，因此，教育行政部门应该着手推动督导评价在职业生涯教育与劳动教育融合中落地。首先，我们需要对高校在职业生涯教育与劳动教育融合方面的基础条件进行全面评估，特别是对劳动场所、职业生涯课程与劳动课程等方面进行检查与评估，以便引导高校根据相关政策来规范其教育行为。其次，我们需要对高校在职业生涯教育与劳动教育的融合进行监督和指导，以确保融合结果完美契合高校与学生的实际情况与具体需求，并有效强化二者融合之后的育人整体性和价值性。再次，评估高校职业生涯教育与劳动教育融合的实施方式，监督高校是否有效实施融合式教育，是否切实落实劳动教育课程，以及对积极响应、主动开发的教学单位给予经济等方面的鼓励。最后，督导职业生涯教育与劳动教育融合保障机制的完善，从师资、资源、经费等角度出发，开展督导评估，并保证保障机制可以稳定运行。督导评价的核心价值在于推动职业生涯教育与劳动教育的结合，确保教育活动的有效实施和持续发展，从而提高教育的整体质量，真正体现融合教育的价值。教育管理部门在进行督导评估时，应当促使高校主动构建融合式教育活动的自主发展框架，以引导高校基于自身教学实践因地制宜地挖掘社会各方教育资源，发挥和创造高校职业生涯教育与劳动教育融合的特色与优势。

（二）高校应更新教育理念，提高重视

高校是职业生涯教育与劳动教育融合的关键场所，必须充分发挥高校的主渠道作用。但是，当前部分高校对于职业生涯教育与劳动教育相结合的教学实践并

未进行重点关注，所以，如果想要进一步提升高校的重视程度，需要高校从教研与培训上做好相关思想工作。一方面，从高校整体上看，需要提高高校自身对职业生涯教育与劳动教育融合的关注度和重视度，重视将融合理念贯穿职业生涯教育与劳动教育教学的全过程，始终致力于职业生涯教育与劳动教育的各方面、全过程的有机融合，而高校领导层要起带头作用，对职业生涯教育与劳动教育相关文件进行仔细深入的研读，再面向全体教师，采取逐层培训的方式，先对学科带头人、劳动教学经验丰富的教师进行培训，将职业生涯教育与劳动教育融合的实践知识与方法等讲通、讲透，再通过组织各种形式的学习活动层层传达，提高全体教师对职业生涯教育与劳动教育融合育人的重视程度。另一方面，高校应当合理利用教研模式，为增强高校整体职业生涯教育与劳动教育融合育人的意识提供更多思想渗透机会。如可以突破传统教研方式的桎梏，开展项目化教育案例讨论、专题讲座、教职工劳动技能竞赛等多样化的形式，潜移默化地提升教师的重视度与关注度，增强思想渗透工作的实效性。

（三）教师应找准定位，发挥引领作用

实施职业生涯教育与劳动教育融合，教师要根据不同阶段学生的身心发展规律和教育教学规律，明确正确的教育理念。教师应勤于学习自己专业之外的教育理念，不断拓宽自己的教育视野，明确职业生涯教育与劳动教育融合的综合育人价值，找准职业生涯教育与劳动教育融合的定位。首先，要明确职业生涯教育与劳动教育融合的课程地位，在职业生涯教育中要以劳动教学为基本环节，在劳动教育中要以职业生涯规划为基本环节。激励学生对活动形成认同感，让学生认识到学习并非为了获得高分，而是获得适应社会发展与未来生活的能力。其次，要抓牢"忧劳可以兴国"的劳动育人思想，合理利用劳动教育的思想性要素和社会性要素，将职业元素与劳动课程作深度结合。在此基础上，我们需要明晰劳动课程与职业生涯教育的联系，确保它们之间的教育要素可以得到恰当分配，并努力将它们的教学目标、内容、形式和方法进行最大限度的整合，以达到有机融合、相辅相成的效果。最后，要加强学生对职业生涯教育与劳动教育融合的认识程度，使其开展"自我导向学习"。"自我导向学习"是将传统的被动学习转化成对满足主体实际需求并带有目的性的主动学习，因此学生要在"自我导向

学习"中有意识地根据自身对职业生涯教育与劳动教育融合的认知程度明确学习目标，根据自己的学习风格选择学习资源，充分思考职业生涯教育与劳动教育融合的育人价值，突破自我意识的局限，强化终身学习的理念，不断加深自身对职业生涯教育与劳动教育相结合的理解，并确保教师在这一过程中起到关键的主导作用。

（四）家庭应配合与支持高校教育工作

家庭是学生成长的重要环境之一，家长对孩子职业价值观的产生有着不可忽视的作用。家校合作的价值挖掘除了要指向学生的发展，还要指向教育主体各方的相互促进。家长不恰当的引导将降低学校教育的效果，只有当家庭教育与学校教育在教育理念上共通，才能达到教育的一致性。因此，为了确保职业生涯教育与劳动教育实现充分结合与有效落实，家长的积极参与和支持是不可或缺的。这主要表现在以下方面：第一，家长应该主动配合学校教师的工作，积极支持学生参加学校开展的实践活动，关注学生在假期中的家庭劳动实践任务完成情况，将职业生涯教育与劳动教育融合的成果延伸至学校，发挥好家长主体对活动的评价作用。第二，家长应深入了解家庭与学校合作育人的价值，并为学生创造多样化的家庭工作机会。家长可以利用家庭岗位劳动等途径让孩子了解职业、了解未来生存的技能，对其进行适当的劳动技能训练，有意识地培养孩子热爱劳动、尊重劳动成果和劳动人民的意识，培养孩子的自理自立能力。第三，家长要做好家庭示范。父母的职业价值观念会影响孩子，应正确引导孩子的志向。因此家长更要不断学习，提高自身的思想认识，确保自身拥有正确的职业观念和价值观，并有意识地注意对孩子职业价值的引导，让孩子培养正确的职业价值观念，如利用多种途径开展教育，或从自身职业入手，向孩子进行职业讲解，普及特定职业的知识，在条件允许的情况下带孩子去企业单位进行参观与学习，以增强孩子的职业意识，使其树立职业理想。

二、加强课程建设，促进课程体系融合

课程建设是高校开展育人工作的重要内容。职业生涯教育与劳动教育作为高校的两门课程，必然有着自身的课程体系。要实现职业生涯教育与劳动教育的深

度融合，必须开展基本的课程体系融合，这是实现二者融合的基础工作。

促进职业生涯教育与劳动教育课程体系的融合须坚持如下原则。

第一，坚持社会主义劳动价值观指导的原则。劳动价值观是劳动教育的核心内容，也是对于"培养什么样的人、为谁培养人、怎么培养人"的回答。职业生涯教育以提升学生职业生涯管理能力和就业能力为目标，其落脚点是学生顺利进入社会后的角色转换和调适，最终目标是让学生通过辛勤劳动、诚实劳动、创造性劳动获得个人价值和社会价值。换言之，职业生涯教育的最终落脚点是引导学生热爱劳动，通过辛勤劳动、诚实劳动、创造性劳动实现个人价值与社会价值。因此，用社会主义劳动观指导职业生涯教育是实现二者深度融合的第一原则。

第二，坚持劳动教育统领职业生涯课的原则。如在劳动教育课中向学生普及社会职业分类、就业形势等基本知识，让学生明白职业身份平等的道理，从而培养科学、合理的职业选择理念，进而结合专业特色开设专业性的职业生涯课和就业指导课，引导学生积极响应国家的号召，顺应时代发展大势，做好科学规划。

第三，坚持实践第一的原则。实践是检验真理的唯一标准。不论是劳动教育课还是职业生涯教育的理论教学内容，都需要学生在实践中验证，在验证中不断内化为个人的能力和素质。

（一）在职业生涯课程中融入马克思主义劳动观

通过劳动，人类创造了自身生活所需的所有物质和精神环境，而且值得注意的是，劳动本身不仅是人们维持生计的方式，也是一个人全方位成长的重要体现。同时，进行劳动的整个过程，也是创造物质和精神财富的过程。在当前的社会背景下，为了满足自身基本生活所需，人们各司其职，以获取相应的报酬，进而确保自身可以获得最基本的物质生活条件。除此之外，人们还会通过职业发展来更好地满足自身的精神需求，最终实现全面且自由的个人发展。对于人类来说，通过劳动能够实现个人价值，而一个人的劳动价值观也将直接影响其步入职场后的价值取向与就业取向，甚至会影响其对于社会责任的具体履行情况。因此，教师需要引导学生深入了解马克思主义劳动观，进而明晰职业生涯规划的重要意义。

随着社会发展，人们的生活节奏不断加快，学生在学习、工作与生活中感受到了强烈的压力和紧迫感。在开展职业生涯教育时，教师也注意到了学生在自我认知与就业方面存在的问题。一些学生没有形成正确、健康的职业价值观，他们在做事时目光短浅，喜欢寻找捷径，投机取巧，过于浮躁，常常抱有不劳而获的幻想，而且这部分人的抗压能力也比较差。现如今一些大学生家庭条件优越，一直生活在被溺爱的环境中，缺少必要的锻炼，因此他们往往不懂得如何劳动，也不愿意去劳动，甚至不珍惜劳动成果。在选择工作地点的过程中，大部分学生会选择一线城市，而选择在经济条件较差的地区或偏远地区工作的学生则相对较少。在择业过程中，一些学生更倾向于选择声誉较高的职业，如教师、公务员、医生等，对各类工人职业却鲜少关注，甚至有少数学生对这些职业持有偏见和不尊重的态度。我们需要注意的是，某些大学生并没有正确认识劳动精神，也不具备正确的劳动价值观，所以很难客观地认识自己，也很难选定合适的职业，这将使他们的个人和社会价值难以得到充分的体现。

所以说，教师可以在开展教学活动的过程中，利用视频进行实例分享，使学生能够在视频中深入了解不同职业工作者的先进成就，从而让学生对劳动精神和劳动价值有更为深刻的了解。对于教师而言，其开展教学工作的根本目的是引导大学生树立正确的职业、就业和创业观念。大学生应当认识到，劳动并不分贵贱，而劳动也正是现如今人类生活的基础，人们应该深深地热爱、尊重劳动与劳动者，并坚定地认为劳动是最光荣、最崇高、最伟大和最美丽的。大学生应当明确认识到，在未来的职业生涯中，他们应该全心全意地投入劳动中，承担起新时代的责任，在工作岗位上，他们应该展现出优秀的职业精神、劳动精神、劳模精神与工匠精神。而且，大学生也应当充分认识到，劳动不仅是实现个人价值的有效途径，也是改善人们生活的重要工具。只有当大学生对劳动充满热情时，他们在工作和职场上才会展现出更强的进取心和积极性，从而在职业生涯中取得更大的成就。

（二）在职业生涯课程中融入职业发展相关的通用劳动科学知识

在向学生解释职业分类的过程中，可以发现部分学生对于职业种类的理解仍然较为浅薄，对各种新兴职业和新的职业分工的了解较少。值得注意的是，在现代科技不断发展进步的背景下，信息产业和新型服务业迅速崭露头角，现代社会中的职业形态也在飞速变化，诞生了大量与高级脑力劳动相关的复合型和智能型职业，这些新职业的出现，不仅改变了传统的商业模式，还重新定义了职业的内涵。所以说，在教授与职业门类相关的知识点时，我们应该关注对通用劳动知识的教授，使学生充分掌握新时代的劳动技术成就和新兴劳动职业的特性。

另外，一些大学生对劳动法相关的知识并不熟悉。而且，一些大学生认为自己在就业之后可能会频繁地换工作或转行，这主要是因为他们不知道如何依法维护自己的权益。这表明，一些大学生在步入职场之前并未储备足够的劳动法律知识，而这也将会在一定程度上导致这部分学生的求职就业之路充满坎坷。因此，教师应在劳动生涯教育中充分融入"劳动经济学"的知识，让学生明白自身合法权益是受到法律保护的，并使其充分了解自身享有哪些合法权益。通过实例教学，教师需要向学生解释新时代劳动者的权利、义务和法律保障，强化学生的法治意识，引导其充分了解各种依法维权的手段。

通过课程设计，学生能够掌握更多与其职业生涯紧密相关的通用劳动科学知识，这将帮助学生更好地适应职场环境，并有效促进他们的未来职业发展。

（三）在职业生涯课程中融入职业劳动实践

劳动是一种通过脑力和体力来充分影响现实世界的实践活动，所以说，劳动教育本身会展现出很强的实践性。劳动实践与职业能力存在着紧密的联系，劳动实践为职业能力提供了发挥的条件，而在职业能力中，处理工作与人际关系是至关重要的。因此，有目的性地组织职业劳动实践可以有效增强学生的实践能力，并使其熟练掌握处理人际关系的方法。利用这种高效的劳动实践，可以增强学生的组织、沟通和协调能力，提升他们的思维能力和执行能力，以便他们能够更好地适应未来的工作，也能够更好地处理职场人际关系，进而充分实现个人价值。大学生在参与职业劳动实践活动之后，就有机会对自身所掌握的理论知识进行更为系统、深入的整合，这不仅有助于学生在智力和体力方面的提升，也能促使他们的职业能力得到提升。

仅仅在课堂上教授大学生职业生涯理论知识是难以满足人才培养标准的，为了更好地达到这门课程的教学目的，教师应当将理论知识和实践进行有机结合，为学生提供丰富的实践机会，使他们能够进行大量的职业体验，就比如各类职业角色扮演或职业模拟练习活动，抑或鼓励学生积极参与各种职业生涯规划大赛，也可以要求学生在课下参与职业生涯实践体验活动。

学生可以有意识地按照自己的职业规划提前接触相关职业，通过这一手段，不仅可以提高自己对于理论知识的掌握程度，还可以在实践中不断积累经验，并根据自身体验调整职业规划。只有当理论与实践相结合的时候，学生才能深入了解并充分掌握职业生涯规划的具体方法，并能具备工作所需的各种能力和素质，从而更好地面对未来的创业与就业。

三、构建多元立体评价体系

（一）引入多元评价主体

职业生涯教育与劳动教育融合的实施有多种开展形式，同时也涉及多方参与主体，基于其以实践性为核心的课程性质，参与人员的范围涉及校内人员和校外人员，如教师、学生、家长、职业专家、基（营）地教官、教育研究者等。因此，在评价过程中，要将评价主体的多元化作为重点，关注学生群体的主体价值，保证评价的真实性，并根据不同评价内容的需要，选择能够实际参与评价活动的群体。

1. 多元教师主体

不管是专职教师还是兼职教师，高校教师都是课程的参与者和引导者，与学生共同实践体验。作为活动评价的主体之一，教师的评价作用在于观察学生活动的过程性表现，与之前的表现进行对比，给出过程性评价建议，例如针对学生在活动过程中意识观念、思维、品质精神的提升等方面给出建议。职业生涯教育与劳动教育融合的独特之处在于，它涉及从业人员最熟悉的行业信息的参与，因此职业专家也应成为评价的另一大主体。职业专家是课程中的示范者、讲解者和技能指导者，向学生讲授职业知识、职业流程，示范并指导学生掌握基础的职业技能，其评价作用在于对学生的劳动成果、动手能力、职业情感和职业认知等进行总结性评价。基（营）地教员是活动的组织协调者，主要负责协调、把控活动流程，引导活动向深层次发展，凸显活动的教育意义，其评价作用在于对主体课程、学生整体给出参考评价。在教师评价共同体中各教师要明晰自身的评价职责，围绕不同要素对学生进行全面评价，要避免重复评价的问题。

2. 学生主体

学生是职业生涯教育与劳动教育融合式教育的核心主体，学习成果是教师、学生和家长共同努力的结果，评估情境应该是给学生机会去施展我们试图评估的相关行为的情境。因此，学生既作为实际参与者，亦作为评价对象，理应是评价主体之一。学生群体的评价可以有多种维度、多种形式，例如高校或基地下发自评清单，将活动评价要素列全，让学生进行个人自评，也可以进行以小组为单位的组内互评，或是组间互评等。同伴之间是相互了解的，学生间通过同伴评价可以得到多个不同方面可资借鉴的建议，并能在同伴互动过程中发挥互助合作与知识共享的精神，实现共同学习。

3. 家长主体

家长作为家庭劳动的监督者，容易在评价时被忽视。职业生涯教育与劳动教育融合的教育需要家校合力开展，因此，评价也需要家长的参与。家长在生活中的正确引导能够帮助学生树立良好的价值观，并起到榜样示范作用。因此，家长群体应积极参与对学生活动的评价。家长是家庭劳动的评价主体，可以从学生家庭劳动的表现、动手能力、意识等进行评价，给出总体判断。

（二）采取多元评价方式

由于当前在职业生涯教育与劳动教育融合的目标、评价、渠道方面存在碎片化的问题，缺乏系统化、整体化的建构与实施，因此，在教育评价上就需要创建一体化的教育评价方式，指引构建完整的活动课程。一体化评价不是一元评价，而是蕴含整体性及系统性的评价。在评价时要以职业生涯教育与劳动教育融合的教育活动中各个要素的分配情况为依据，确保评价方法的适用性，能够对评价结果作出合理的解释，并确保对融合式教育进行全程评价。基于职业生涯教育与劳动教育融合的强实践性特征，可以采用以下4种方法。

1. 诊断性评价

诊断性评价的目的是摸清学生现有的知识与能力水平。因此，融合式教育活动开始前，教师应摸清学生现有的劳动素养、职业知识与能力如何，学生的职业准备状态和职业成熟度发展水平如何，以便通过课程的开展因材施教地引导学生学习，因势利导地促进学生的发展。同时也方便教师把握学生知识与能力等方面的变化，提高融合式教育的针对性。诊断性评价的依据可以是家长对于学生的评估，也可以来自教师通过布置相关的主题任务来测试学生在这一方面所具备的知识与能力。诊断性评价的方式可以是定性评价，也可以是定量评价。开发合适的测量工具，如评价小程序、评价量表系统等是高校进行定量评价的重要环节，利用数据来衡量学生在课程前所具备的知识与能力会更加科学合理。诊断性评价不仅可以使课程计划和教学活动设计更有针对性，还能作为评价课程实施效果的前测数据。

2. 过程性评价

过程性评价是在教学过程中对学生知识和能力发展的评价，目的是方便师生及时获得反馈信息，促进师生发展、提高。在职业生涯教育与劳动教育融合的教育活动中，过程性评价更多指向教师对学生在教育活动过程中的表现进行记录与评价，如学生在活动中的思维能力、动手能力、团结协作能力等。过程性评价要紧扣评价内容，评价内容则要围绕课程主题内容，紧扣劳动素养和职业要素（认知、情感、技能）进行。教师在评价数据的测量方式上，可以借助评价手册等工具，来准确记录学生的表现。

3. 终结性评价法

终结性评价是在一个学期或一门课程结束时，对学生的学习成果进行正规化、制度化考查、考试及成绩的全面评定。职业生涯教育与劳动教育融合的教育的终结性评价包括两种：一种是本次活动结束后的结果性评价；另一种是学期、学年或学段结束后的阶段综合评价。职业生涯教育与劳动教育融合式教育的结果性评价主要以学生在本次教育后的成果为评价依据，或是对学生在活动中的整体表现进行评分。结果性评价在于对学生本次活动的全面评定，因此教师进行的结果性评价要注意学生在活动前、过程中及活动后评价的结合，以给予学生全面、客观、合理的评价。结果性评价可以以定量评价的形式来对学生的劳动作出评价。结果性评价也可以通过学生成果的展示或同伴交流的方式进行。阶段综合评价应采用过程性评价与结果性评价相结合的方式，因此，职业生涯教育与劳动教育融合式教育的阶段综合评价要综合高校校内课程教学和校外实践活动中的过程性表现和学期末的测评任务评价学生的阶段性变化，并且要根据学生的身心发展规律和各学段职业生涯教育与劳动教育融合的培养目标差异化地设置评价内容。

4. 追踪性评价

职业生涯教育与劳动教育融合的价值是培养学生职业规划能力、劳动精神和职业价值观，从这个角度来看，职业生涯教育与劳动教育融合式教育的效果并不是立竿见影的。所以，对学生进行追踪性评价是必要的，以便更好地了解和考查学生的职业成熟度。生涯准备度是教育和职业的桥梁，高校应为学生做好未来职业的准备。因此高校对于职业生涯教育与劳动教育融合的教育的追踪性评价应包括了解学生是否产生职业兴趣、通过某一主题的劳动是否真正深入了解和提高了能力，以及是否有了具体职业愿望和规划。追踪性评价的作用在于能了解职业生涯教育与劳动教育融合的教育的实施到底在多大程度上促进了学生的职业成熟，也是对职业生涯教育与劳动教育融合的教育的实施效果的评价。

四、建立全方位保障机制

（一）建立并完善教师素养发展机制

经济学比较优势原则认为：两个经济体之间在资源分配过程中存在互补性，则主体就会有交互动机。基于此，应吸纳职业生涯教育与劳动教育融合所需的不同类型教师，组建"三位一体"导师工作室，将有经验的校内教师、职业专家、基地教员联合起来成立工作室，形成学习共同体促进相互发展，同时组建一支指导型的教师队伍，为后续本校或他校职业生涯教育与劳动教育融合的教育活动的实施提供指导。"三位一体"导师工作室的宗旨在于利用三方导师之间的优势条件，弥补相互之间的短板，促进自身课程实施水平的提升，解决教学与管理过程中可能出现的难题，最终形成一个职业生涯教育与劳动教育融合的种子教师团队，用以点带面、点面结合的方式实现由"几个人——群人—全校人"的教师转化发展。

"三位一体"导师工作室内部可以进行职业生涯教育与劳动教育融合的教研与培训，如开展教育理论学习、职业知识与技能学习、职业技能比赛等。校内教师能通过教研与培训学习职业动态知识，提升课程指导能力，促进自身专业成长。

职业专家也能了解教学方法、了解大学生的身心特点和职业需求，提升教育教学能力。基地教员可以提升课堂管理能力、课程流程把控能力等。需要注意的是：工作室要定期对新加入的各方成员进行有针对性的培训。为适应合作的要求，工作室可以采用"三位一体"的考核评价方法，来相互检验学习的成效。此外，工作室内部也可以利用学习共同体的优势，合力开发职业生涯教育与劳动教育融合的教育课程。从课程设计、实施内容、课程评价等方面，针对大学生的身心发展特点和实际需求开发分学段递进式的课程体系。这样既能利用各方优势打造适合大学生的职业生涯教育与劳动教育融合的课程，也实现了两种教育的深度融合。工作室外部可以通过创建微论坛等形式，将全省或全国范围内有经验的高校教师、职业专家等整合起来，借助现代信息技术的手段，扩大教研的辐射范围，把工作室活动做得更加深入。如各界专家学者可以通过网上注册账号加入工作室教研与培训活动，开展网络学习、会议讲座、专题培训等，分享交流心得、打磨诊断课程、展现优秀案例，使各教师在学习中寻求成长，在实践中探索优化方式。此种模式针对当前教师素养不足的现状，不失为一种可行机制，可以通过高校与不同外聘专家建立长期稳定的合作关系，形成稳定的长效机制。

（二）建立多方参与的经费保障机制

财力是保障职业生涯教育与劳动教育融合的关键因素。纵然高校和教师对职业生涯教育与劳动教育融合有美好的期盼，但若缺乏财力的保障，也是"巧妇难为无米之炊"。因此，建立多方参与的经费保障机制是应对当前教育经费短缺最直接、最可靠的手段，其思路在于借助高校外部各方的援助力量，如知名校友、企业、政府在力所能及的范围内给予的资金援助。高校是人才的摇篮，每一所高校都培养出了无数的杰出人才，并且，每一个大学生都对自己的母校有着深刻的认同感和依恋，十分关心母校的发展。因此，很多知名校友在个人成功后都会以各种各样的方式回报母校，或直接捐款，或设立奖学金。高校可以积极号召和鼓励校友重视职业生涯教育与劳动教育融合，争取他们的关注、认可和投资。另外，高校可以积极主动地与本地企业、社会组织等合作，争取得到它们对高校开展职业生涯教育与劳动教育融合的资金赞助或其他相关资源的支持，如此也能解决高校活动开展"经费少"的问题。此外，政府及教育部门对职业生涯教育与劳动教育融合教育活动的支持也至关重要。

我国其他各省市政府及教育部门也可以划拨出一部分资金作为对高校开展职业生涯教育与劳动教育融合的教育的专项补助，并在此基础上制定经费支出标准以规范资金使用。可见，多方参与的经费保障机制可以有效解决高校因资金困难而导致的"束手束脚"或无法正常开展活动的问题。

（三）建立完善的教学资源保障机制

常态的教学资源为教师的备课及教学提供了借鉴参考的素材，但目前这些教学资源大多集中在专业课程的课堂教学上，实践性课程教学资源的开发较少。实践性课程资源作为课程资源的下位概念，既具有课程资源的共性，也具有其特殊性。实践性课程资源是指有助于实践课程育人目标实现的，能成为职业生涯教育与劳动教育融合教育活动内容或支持活动开展的各类资源要素的总和，主要包括学生问卷、访谈录像、实践视频、活动评价表等。职业生涯教育是一种实践性较强的课程，传统课堂中提供的课程资源远远无法满足实践课程实施的需要。所以，建立完善的实践教学资源保障机制是非常必要的，可以从名校示范、专家团队引领和建设线上课程资源库三个角度入手。

第一，加快职业生涯教育与劳动教育融合的试点实施，鼓励区域内优秀高校发挥模范带头作用，打造职业生涯教育与劳动教育融合的示范课程，为其他高校提供先进的、完善的教学经验，为其他高校的一线教师提供实地观摩、跟岗学习和教研培训的机会。第二，加快构建和夯实职业生涯教育与劳动教育融合的理论基础。区域内各教育专家团队可以发起相关研究活动，自主或邀请有经验的一线教师、理论学者等开展讲学活动，区域教研部门可以面向各高校组织开展职业生涯教育与劳动教育融合专题教研、区域教研，注重教育新理念讲学与一线教师参与式互动相结合，开发相关实践课程资源，为各校职业生涯教育与劳动教育融合的实施提供理论引领并使理论更好地服务于一线教学。第三，建设线上课程资源库，形成"课程超市"。随着社会数字化时代的到来，网络教学成为当前教学的新形态，线上实践课程教学资源的开发可以以网络课程资源为主。职业生涯教育与劳动教育融合的课程共享可以通过在"互联网＋教育"背景下建立线上课程资源平台，鼓励全国各高校上传本校已开展过的职业生涯教育与劳动教育融合的活动方案、课程手册等为缺乏开展职业生涯教育与劳动教育融合教育经验的高校提供经验借鉴，形成"课程超市"。这种"线上+线下"的完善的教学资源保障机制，可以带动周边高校职业生涯教育与劳动教育融合的发展，发挥区域及互联网的辐射作用，以此来促进区域内、高校间乃至全国范围内的课程资源的共建共享。

（四）建立弹性的时间保障机制

职业生涯教育与劳动教育融合，既需要课堂上的教师讲解、学生讨论等基础环节，也需要课外的劳动实践活动，更需要校外的真实场景体验实践。基于课程的多样化特性，职业生涯教育与劳动教育融合教育活动的课时安排不是一成不变的，而应该是灵活和有弹性的。既要有标准化和系列化的时间表，又要能够突破固定化，获得自主性、个性化的发展。高校传统课程的时间安排忽视了融合式教育活动的系统连贯性，不易使学生的实践向深层次发展，易导致学生学习的中断或遗忘。因此，建立一套集中和分散结合的弹性时间保障机制十分重要。弹性的时间机制需要高校对职业生涯教育与劳动教育融合进行顶层设计，根据教学内容科学合理地分配教学时间。

集中的时间安排是指依据劳动项目规划，学生集中在某个连续化的时段接受主题教育和劳动实践，如劳动周。集中的时间安排可满足职业生涯教育与劳动教育融合的课程连续安排课时的需要，实现教育内容的连续性和完整性。同时也能满足学生职业体验与劳动实践的连贯性学习。分散的时间安排是指不连贯的、零散的、单一的课时安排，如每周一节的劳动课程安排。学生能利用零散的时间进行实践前的准备，如收集资料、设计实践计划等。因此，必须保证有足够的分散时间，并将此时间还给学生，不得占用、取消或另作其他内容安排。集中的学习和劳动能加深学生实践的深度，同时也能保证课程内容上的基础连贯性，提高学生的学习质量。在分散化时间的职业生涯教育与劳动教育融合的课程中，高校也可以根据一学期的整体劳动课程教学计划，将课程实施内容与劳动周的内容进行贯通，这样分散化时间的职业生涯教育与劳动教育融合课程也能为后续劳动周内容的开展奠定基础。

（五）建立校内、校外空间保障机制

1. 校内空间保障机制

高校可以高效利用校内场地打造开展职业生涯教育与劳动教育融合教育活动

的空间，可以在校内闲置地或教室建设劳动实践室，打造"一室多用"型场所，设立"劳动教室"和"职业技能训练室"，最大限度地利用教室资源开展课程。同时可以充分利用学校食堂、图书馆、音乐舞蹈教室等场地，为学生提供日常生活类型劳动实践的活动空间，如烹饪课、家政比赛等，向学生渗透相关职业的教育。此外，校内的绿地、空旷地带、阳台或楼顶平台等安全空间也是高校可以充分利用的空间，可以指导学生开展农业生产类型劳动。校内空间寸土寸金，高校要最大限度地利用好校内一切可用空间向学生进行职业生涯教育与劳动教育融合的教育。此外，高校之间可以共享场地空间，通过其他高校已开发的设备场地，带领大学生开展适宜主题的职业生涯教育与劳动教育融合课程。

环境氛围影响着学生的思想与行为，与物质环境相比，精神环境是较为隐形的，对学生的教育影响是潜移默化的。如果说物质环境的开发是实践活动开展的基本保障，良好的精神环境建设则能更有效地提升职业生涯教育与劳动教育融合教育的效果。素质教育的推行将高校对校园文化建设的重视度提升至更高层次，因此高校可以利用好校内宣传栏、墙体等空间，潜移默化地影响学生的劳动价值观。每所高校都有自己的特色校园文化，只要将职业生涯教育、劳动教育与校园文化相互融合，就能对学生产生相应的教育影响。

2. 校外空间保障机制

社会职业丰富多样，学生兴趣各不相同，因此高校职业生涯教育与劳动教育融合教育的开展不能仅限于个别类型。物质环境是开展实践活动的基本保障，但是，高校无法建设包含所有职业的专业体验场所，这需要政府加强对社会职业体验劳动实践基地的规划与建设，开拓多种途径，调动多方积极性，实现职业体验劳动实践的空间共建共享。

一方面，可以统筹普通高校与职业院校资源，创建"普职融合"的职业体验劳动教育基地。统筹普通高校与职业院校资源开展职业生涯教育与劳动教育融合教育的优势在于，职业院校拥有丰富的职业生涯教育资源，专业课程涉及生产、服务等职业领域，其课程体系、技能训练都紧密对接劳动和技术的需求，有较强的生产性和应用性，实训基地有真实的生产、服务情境。因此，普通高校与职业院校合作能够共享教育资源，避免经费制约，是职业生涯教育与劳动教育融合的有效途径，依托职业院校建设职业体验劳动实践基地是可行的。高校要充分利用本地职业院校产教融合的资源，积极主动地与职业院校建立合作机制，将职业院校的实训基地与职业启蒙劳动课程对接，创设适合学生认知特点的真实情境和课程项目。

另一方面，以教育部门牵头为动力，以高校联系为辅力，提高社会资源利用率。劳动教育和职业生涯教育皆具有较强的社会性特征，须充分利用社会资源才能取得应有的成效。要给予学生多样化的职业体验机会，加深其对职业分工的认识，树立正确的职业价值观。多样化的社会资源是职业生涯教育与劳动教育融合的助推力，而当前高校对社会资源的利用率不高，由于不同高校的资源开发能力不同，可以由当地政府或教育部门牵头为主，高校自主联系为辅，合力打通高校与社会合作的"最后一公里"。政府及教育部门的牵头推动，可以增加学生校外参加职业体验劳动实践的机会，同时也为满足学生多样化的劳动需求增添动力。除此之外，政府或教育部门可以发挥带头作用，鼓励有条件的社会公共服务机构、企事业单位、街道社区等单位，在安全的前提下对可以体现职业特点的特殊区域展开规划，并向高校开放。

高校也可自主联系社会公共服务机构（如科技馆、海洋馆等）、国家单位（如农业局、气象局、水利局、法院等），带领学生"走出去"，利用其已有资源开展特定职业主题的职业生涯教育与劳动教育融合的课程。这种真实的职业体验能够深入帮助学生了解特定行业的特点，对加深学生对职业的认识、培养学生的社会生活意识有着重要的意义。同时，高校也可以利用本土产业优势，联系本土企业单位开展相关职业生涯教育与劳动教育融合课程，让学生在真实的职业环境中了解职业劳动的工具材料、工作流程、职业规范，通过真实地感知劳动与职业，体会到劳动的真谛，建立职业认知，感受职业的社会价值和魅力，从而为职业生涯规划打下基础。

参考文献

[1] 方小芳.应用型高校融合式职业生涯规划教育探索[M].杭州:浙江大学出版社,2023.

[2] 颜丽,沈睿媛.大学生职业生涯规划与创新创业教育研究[M].天津:天津科学技术出版社,2023.

[3] 谷峪.教育关怀生涯与职业发展[M].长春:东北师范大学出版社,2019.

[4] 孙武令.大学生职业生涯规划与心理健康教育[M].济南:山东人民出版社,2022.

[5] 崔盛,吴秋翔,等.高校学生教育选择与生涯发展[M].北京:知识产权出版社有限责任公司,2021.

[6] 张肃.职业生涯规划与心理健康教育融合研究[M].哈尔滨:北方文艺出版社,2023.

[7] 郑坚.美国职业生涯教育研究[M].北京:北京语言大学出版社,2020.

[8] 王献玲.职业生涯教育学[M].郑州:郑州大学出版社,2019.

[9] 屈文谦.高校职业生涯教育与就业指导理论及实践[M].武汉:武汉大学出版社,2023.

[10] 何晓丽,王建虹.职业生涯教育与管理[M].银川:宁夏人民出版社,2012.

[11] 王朋,杨雪.引介·探索·反思:我国高校职业生涯教育研究述评[J].徐州工程学院学报(社会科学版),2024,39(1):102-108.

[12] 王朋,杨雪.国外高校职业生涯教育的模式演变与机制创新[J].徐州工程学院学报(社会科学版),2023,38(6):89-97.

[13] 杨根凤,宁鹰."三全育人"视域下地方高校大学生职业生涯教育的实践困境与提升策略[J].创新创业理论研究与实践,2023,6(21):66-68.

[14] 邓小满. 家校社协同开展高中职业生涯教育的实践研究 [J]. 中小学班主任，2023（14）：47-50.

[15] 石梦娇，陈丹花. "生涯教育一体化"理念与高校职业生涯教育路径探究 [J]. 中国多媒体与网络教学学报（中旬刊），2023（2）：193-196.

[16] 靳红. 劳动精神融入高校职业生涯教育的路径探析 [J]. 教育探索，2023（1）：31-35.

[17] 张蕾，李梦瑶. 高校大学生职业生涯教育协同育人模式的思考与实践 [J]. 西部素质教育，2022，8（19）：98-101.

[18] 黄波，宋君. 高校劳动教育与职业生涯教育融合的探索与实践 [J]. 太原城市职业技术学院学报，2021（5）：33-35.

[19] 欧阳萍. 高校职业生涯教育与企业需求有效融合的方案研究 [J]. 今日财富，2019（21）：173.

[20] 余雪冰. 论高校职业生涯教育与心理健康教育的融合 [J]. 赤峰学院学报（自然科学版），2014，30（23）：242-244.

[21] 岑盈盈，陈婧，王雯琪. "00后"大学生生涯适应力现状及生涯教育启示 [J]. 黑龙江工程学院学报，2023，37（2）：68-72.

[22] 解瑞佳. 师范生职业生涯规划能力培养研究 [D]. 沈阳：沈阳师范大学，2022.

[23] 黎凌宏. 民办职业大学本科生职业生涯规划教育课程体系研究 [D]. 南昌：东华理工大学，2021.

[24] 郑文博. 新时代高校职业生涯规划教育体系完善的研究 [D]. 天津：天津大学，2021.

[25] 高昂. 大学生职业生涯规划能力培育问题研究 [D]. 郑州：郑州大学，2020.

[26] 王晶. 新时代大学生职业生涯规划教育研究 [D]. 西安：西安科技大学，2020.

[27] 高会. CD学院学生职业生涯规划教育诊断研究 [D]. 成都：电子科技大学，2019.

[28] 刘衍桥. 高职院校职业生涯教育课程管理的问题与对策研究 [D]. 济南：山东师范大学，2018.

[29] 张恩铭. 我国职业生涯教育研究的现状及审思[D]. 郑州：郑州大学，2018.

[30] 刘敬芝. 职业生涯规划对大学生职业成熟度影响的研究[D]. 成都：西南交通大学，2017.

[31] 余真仪. 大学生职业生涯规划统计调查与研究[D]. 重庆：重庆大学，2017.